수업보다 중요한 학급경영 비법서

실전 교실

수업보다 중요한 학급경영 비법서

실전 교실

이연옥·이혜령·김해련 지음

일러두기

● 이 책은 세 명의 교사가 교실 현장에서 겪은 경험을 담아 집필했습니다.

● 본문에 사용된 학생 이름은 모두 국정교과서에서 사용된 이름을 가명으로 활용
  했습니다.

커피 한 잔을 내리는 데도
매뉴얼이 필요하다.

미성숙한 어린 아이들을 성장시키기 위해서
학급 운영 실전 매뉴얼은 반드시 필요하다.

덜 상처받고 더 사랑할 수 있는
교사의 전문성을 위한 따뜻한 매뉴얼

저는 교육감으로 재직하는 동안 선생님들이 상처받고 외롭게 고군분투하는 모습을 지켜볼 때마다 실질적인 도움을 주기 어려워 늘 안타깝고 마음이 무거웠습니다. 그런데 우연히 제 마음을 투시경으로 본 듯 친절하면서도 교육의 본질에 충실한 이 책을 출판 기획 단계에서 알게 되었습니다. "커피 한 잔을 내리더라도 매뉴얼이 필요한데 어린이의 전인적 성장을 위한 매뉴얼은 얼마나 촘촘하고 체계적인 시스템이 필요하겠는가?"라는 저자의 질문을 봤을 때는, 자연스럽게 무릎을 '탁' 치며 말했습니다.

"아! 이런 책은 꼭 필요합니다! 꼭 좀 출간해 주세요."

우리가 배워야 할 것은 초등학교 때 모두 배웠구나!
닫힌 교실 출입문을 활짝 열고서 학급 경영 비법을 다 보여주는, 마치 공개수업 같은 이 책은 '소통, 평화, 시스템, 습관, 공부'라는 다섯 가지 주제 아래 열세 가지 방법을 생생하고 쉽게 설명해 줍니다. 특히 알림장을 통해 가정과 학교가 소통하며 교사의 짐을 나누고, 아이들은 자기 주도적 습관을 형성할 수 있음에 놀랐습니다. 또 장마다 들어 있는 솔직한 아이들의 글과 학부모의 반응 일화도 재미있었습니다.

"선생님 만세!" 아니 "선생님들 만만세!"
세 분의 선생님이 3년 동안 서로 다른 학년 담임을 하면서 적용하고 가다듬은 이 책을 보면 여러 생각이 떠오릅니다.

'우리 아이들이 초등학교 선생님으로부터 이렇게 많은 좋은 씨앗을 받았구나.'

'초등교사는 간호사, 판사, 상담사, 보육교사 등 도대체 몇 사람의 일을 하는 것인가?'

'내 아이 담임선생님도 이렇게 하셨었지.'

'교사의 교육권과 학생의 수업권을 보호할 수 있는 사회적인 인프라가 더 필요하겠구나.'

'선생님들께 대한민국의 학부모를 대표해서 인사드리고 싶다. 교육 현장을 지키고 있는 모든 선생님들 감사합니다.'

저는 이 책에서 교육 현장의 희망을 봤습니다.
첫째, 새내기 교사들이 『실전 교실』 읽고 '덜 상처받고 더 사랑할 수 있는 학급경영마인드 10'으로 무장하여 당당하고 소신 있게 교육 활동을 할 수 있으리라는 희망.

둘째, 선생님들이 본인이 할 수 없는 일은 전문가와 학부모에게 나누며 관계의 선을 긋고 평온하고 저절로 굴러가는 학급 운영을 하실 거라는 희망.

셋째, 우리 사회가 직면한 정서 위기 학생에 대한 정책과 학교폭력 대책에 대한 문제점과 해결 방안에 대한 교육정책의 변화에 대한 희망.

이 책을 교사분만 아니라 학부모도 많이 읽었으면 좋겠습니다.

저는 모쪼록 많은 선생님이 마법의 학급 경영 같은 『실전 교실』을 읽고 교사로서의 깊은 전문적 역량을 함양하여, 아이들과 사랑을 나누며 매일매일 평온하고 행복한 교실을 꾸려가셨으면 좋겠습니다. 또 이 책을 많은 학부모께서 읽고 극한 환경 속에서도 사도(師道)의 길을 향해 뚜벅뚜벅 걸어가는 선생님들께 마음으로 감사할 줄 아는 사회적 분위기가 조성되었으면 합니다.

2025년 10월

조희연

차례

들어가며

아이들의 엉뚱함과 순수함이 좋아 우리는 교사가 되었고 어언 25년이 흘렀다. 어느 직종에서든지 20년이 넘으면 장인이 된다는데, 초등교사들에게 '전문성이 무엇이냐'는 질문을 하면 대부분 머뭇거린다. 사회적 인식 또한 초등교사는 가르치는 대상이 어린아이라는 이유만으로 누구나 할 수 있는 일로 폄하되기도 한다.

제한된 공간과 시간 안에 20명이 넘는 미성숙한 학생들을 발달단계에 맞게 학습, 생활지도를 하며 안전하게 돌보고 지덕체를 골고루 성장시키는 일은 고도의 철학과 교육 방법이 필요하다. 이것이 얼마나 힘든 일인지는 가정에서 한두 명의 아이를 키워본 부모라면 누구나 공감할 수 있다. 초등교사는 절대 아무나 할 수 있는 일이 아니다. 초등교사는 고유성과 전문성을 갖고 있다.

전문 교육을 받은 교사들이 자신이 맡은 학급을 열과 성의를 다해 운영하고 있지만 학교 현장은 녹록하지 않다. 대한민국 교사는 교권을 보호받지 못하고 있다. 교권 보호를 위한 개혁은 제자리를 맴돌고, 교사들은 체념했으며, 사기는 밑바닥이다. 정서적 아동학대 기준은 모호하고 악성 민원을 제기하는 학부모를 제재할 수단도 없다. 결국 우수한 인재들이 교대 지원을 기피하고, 젊은 교사들은 진로를 변경할 수 있다면 탈출하고자 하며, 경력 교사들은 빠른 퇴직을 선택한다.

　이러한 암담한 교육 현실 속에서 교사들은 정서적으로 연대하고 서로의 전문성을 나누며 헤쳐나가야 한다. 하지만 초등학교는 각자 교실에서 근무하므로 독립성이 보장되는 만큼 폐쇄성도 강하다. 스스로 나누지 않고 찾지 않으면 성장할 수 없는 구조다. 일반 회사와 달리 사수의 개념도 없어 교실 문을 닫으면 고립된다. 문제 상황에 기민하게 대처하지 못하면서 교사로서의 성장은 한계에 부딪힌다. 경력이 쌓인 교사도 교직이 두렵기만 하다. 부푼 꿈을 안고 교직을 선택한 똑똑한 후배들이 비탄 속에 쓰러져 가는 것을 보면 가슴이 아프다.

　신규 교사들은 교육대학에서 다진 탄탄한 이론과 아이들에 대한 사랑으로 교실에 들어서지만 이론과 현실 사이의 큰 괴리에 당황한다. 교대 교육과정은 교사로서의 소양과 역량 발달에 기본적인 지적 기반이 되었을 것이나, 교실 현장의 요구와 유기적 관계를 맺으며 새로운 방향을 모색해 보아야 한다. 시대적 흐름에 맞는 교대 교육과정의 보완이 절실한 시점이다.

　커피 한 잔을 내리더라도 매뉴얼이 필요하다. 하물며 어린이의 전인적인 성장을 위한 매뉴얼은 얼마나 촘촘하고 체계적이어야 하겠는가? 학교 현장에서는 더욱더 실질적인 학급 운영서가 요구된다. 이론과 실제의 괴리를 좁혀 현장에 투입되었을 때 바로 적용하고 응용하며 살아남을 수 있는 학급 경영 노하우를 담은 비법서가 필요하다.

　이 책은 초등 교육 현장에서 고군분투했던 세 교사의 실전 경험담이다. 시대가 변해도 학급 운영 기본서로서 유용한 책이 되길 바라는 마음으로 토의와 적용을 거듭하며 가다듬었다.

이 책이 예비 교사에게는 두려움 없이 교직에 첫걸음을 내디딜 수 있는 디딤돌이 되고, 교직을 떠나고 싶은 현직 교사에게는 학급 운영이 조금 더 수월해지는 버팀목이 되길 바란다. 또한 교실에서 각자 홀로 생존하며 굳건히 자리를 지키고 있는 대한민국의 모든 교사들에게 작은 힘이 되었으면 좋겠다.

1부

소통, 믿음으로
함께 헤쳐나가는 관계

1장 ─────────────────────────────────────
전략적으로 접근하는 학부모 상담

학부모는 적인가, 아군인가?
모든 교사의 머릿속에는 항상 그 질문이 맴돈다 …….
같은 팀이 되었을 때 모든 사람이 승리를 거둘 수 있다.

– 제인 넬슨, 『학급긍정훈육법』(2014)

"선생님, 학부모 상담 주간 몇 분이나 신청했나요? 저희 반은 한 분 빼고 스물여섯 분이 신청했더라고요. 저는 학부모 상담이 학급 운영에서 제일 어려운 것 같아요. 학부모들의 성향이 다양하고 상담에 대한 기대 또한 너무 다양해서 정말 부담이 돼요."

"나도 어렵고 막막해. 사실 자녀에 대해 듣기 싫은 소리를 들으려고 상담을 신청하는 학부모는 없거든 ……. 자녀에 대해 걱정되는 부분이 있지만 담임교사에게 좋은 소리를 듣고 싶은 게 부모의 마음이니까."

"네, 그걸 잘 알지만 칭찬만 하는 상담이 무슨 의미가 있는지 모르겠어요. 이전 학년까지 칭찬만 듣고 상담을 받아온 학부모는 아이가 문제가 있다는 것을 전혀 인지하지 못하는데, 그걸 굳이 내가 말해서 '총대'를 메는 모험을 해야 할까 하는 의문이 들 때도 있어요."

"그렇지. 예전 담임들이 아이의 문제를 이야기하지 않은 경우도 많지. 학부모에게 아이의 단점을 말하면 자기 아이를 미워한다고 오해해서 1년 내내 담임의 교육 활동에 부정적 시선을 보내는 경우도 있으니까."

"학부모 감정을 건드렸다가 사사건건 꼬투리 잡히면 1년이 너무 힘들어질 수 있잖아요."

"그래, 어떤 성향의 학부모가 어떤 기대를 안고 오는지 몰라 교사 입장에서 큰 부담이 되는 건 사실이지만, 학부모 입장에서도 교사를 만나러 온다는 것은 용기가 필요한 일이야. 아이를 위해 서로 한 팀이 되어 고민하는 자리라고 생각하면 어떨까? 대화가 잘 풀리는 상담이 되기 위해선 상담 전에 몇 가지 준비해야 하는 것이 있어."

"무엇을 준비하고 어떻게 접근해야 할까요?"

"전략적으로 접근하는 학부모 상담을 해야 해!"

초등학교에서 학부모의 상담은 크게 정기 상담과 수시 비정기 상담이 있다. 요즘은 정기 상담을 없애고 수시 비정기 상담만을 운영해 실질적으로 상담이 필요한 때, 상담이 필요한 학생에게만 집중하는 학교도 늘고 있다.

상담 전 세심한 준비를 하자

학급에서 문제를 많이 일으키는 학생들에 대한 상담은 세심한 준비가 필요하다. 담담하게 객관적인 사실을 전달하기 위해서는 담임교사가 갖고 있는 자료들을 활용해야 한다. 학생 개인 자료와 학부모 상담 사전 설문지 등은 학부모에게 담임교사로서의 전문적 의견을 줄 수 있는 좋은 자료다.

상담의 시작은 객관적 자료 준비부터!

① 학생 개인 자료

가정환경조사서, 교우관계서, 진단평가결과지, 기타 학생 작품을 학부모에게 보여준다. 자녀의 작품이나 활동지를 보여주면 교사와 학부모는 대화를 편안하게 시작할 수 있다.

┃상담 전 준비 자료┃

구분	주제	내용
1	가정환경조사서	가족구성원, 주 양육자, 특정 질병과 신체적·정신적 건강 상태, 식품 알러지, 방과 후 생활 등
2	문장 완성 검사	가족과의 유대관계, 현재 수업 상태
3	진단평가 결과, 수업태도 관찰기록	학업 성취도 파악, 발표 횟수, 태도, 모둠 활동 태도, 신체 활동, 음악, 미술 영역 등
4	교우 관계도	친한 친구, 어려움 등
5	학생 작품	학습지, 그림이나 글쓰기 작품

② 학부모 상담 사전 조사 기록지

밀도 있는 상담을 위해 학부모 상담 전에 상담 사전 조사를 실시하면 좋다.

🕮 살펴보기

학부모 상담 사전 조사

학부모 상담 주간 운영에 앞서 학부모와 함께 자녀의 올바른 성장을 도모하고자 상담 사전 조사를 실시하고자 합니다. 학교생활에 도움이 될 수 있도록 자녀에 대한 내용을 적어 학교로 보내주시기 바랍니다.

☞ 본 사전 조사서의 내용은 자녀가 볼 수 없도록 밀봉하여 보내주세요.

_____ 학년 _____ 반 학생명 _____

★ 자녀를 주어로 하여 기록해 주세요.

1) 자녀의 장점은?
_____

2) 자녀에 대해 걱정되는 점은?
_____

3) 방과 후 시간은 주로 어떻게 보내나요?

월	화	수	목	금	주말

4) 기상, 취침 시간은 언제인가요?
_____

5) 자주 연락하고 어울리는 친구는?
_____

6) 주말은 주로 무엇을 하며 지내나요?
_____

7) 학교생활과 관련하여 담임교사에게 궁금한 점은?
_____

8) 담임교사에게 부탁하고 싶은 점은?
_____

학부모 상담의 실제를 살펴보자

① 상담 자리 배치

교사는 학생 책상 2개를 마주 붙여놓고 학부모와 같은 눈높이에서 상담하도록 자리를 준비하자. 따뜻한 물이나 차를 준비하고 작은 식물을 두어 부드럽고 정감 있는 분위기를 조성하는 것도 좋다. 상담 주간 운영도 힘든데 이런 것까지 준비해야 되나 하는 생각이 들 수도 있겠지만, 학부모를 따뜻하게 맞이하는 작은 정성은 긴장을 완화하고 마음의 문을 열게 한다.

② 최대한 마음을 열고 적극적으로 듣기

학부모 상담은 최대한 마음을 열고 많이 들어야 한다. 첫 상담에서 학부모들은 담임교사가 자녀를 어떤 시선으로 바라보는지 무척 궁금해한다. 학부모는 교사가 자녀에 대해 부정적 인식을 갖고 있다고 생각하면 마음의 문을 닫는다. 그러므로 문제가 있는 학생을 상담하더라도 학생에 대해 감정적인 말이나 단정 짓는 말은 하지 말자. 교사는 적극적으로 말하기보다는 학부모의 말에 공감하고 경청하는 자세로 접근한다.

상담이론가 로저스(Carl Rogers)에 따르면 상담의 주요 핵심은 '경청', '반영', '공감적 이해'이다. 경청하기 위해서는 학부모와 눈높이를 맞추고 학부모를 정면으로 마주 보며 몸을 기울이고 열심히 듣는 것이 중요하다. 이때 내담자인 학부모는 '자기 존중감'을 느끼며 상담에 임한다.

| 학부모 상담의 실제 |

인사하기	◎ 자리에서 일어나 인사 - 안녕하세요, ○○ 어머님. 올해 ○○이 담임입니다. 만나 뵙게 되어 반갑습니다.
자료 제시로 분위기 환기	◎ 학생 작품 또는 학습 결과물을 보여주며 분위기 환기 - 지난번에 ○○이가 아침 글쓰기 시간에 쓴 글이에요. 정말 재밌게 잘 썼더라고요.
긍정적 언급	◎ 학생에 대한 긍정적 언급 - ○○이가 수업 시간에 발표를 잘해서 분위기를 잘 이끌어주고 있어요. - ○○이의 장점을 ◇◇라고 쓰셨는데 학교에서도 그런 모습이 자주 보여요.

학부모
발문 유도
	◎ 상담 사전 조사 기록지를 활용한 상담 실시
	- ○○이가 가정에서 학교 이야기는 많이 하나요?
	  새 학년 생활이 어떻다고 이야기하나요?
	* 상담 사전 조사 기록지를 상담 전에 읽고 학생마다 필요한 내용을 골라
	  상담을 실시한다.

걱정되는
부분 상담
(핵심)
	◎ 걱정되는 부분 상담
	- 새 학년이 되어서 자녀에 대해 걱정되는 점에 대해 ○○이라고 쓰셨는데
	  좀 더 자세히 이야기해 주실 수 있으신가요?
	- 저도 아직 ○○이를 알아가는 중이라 어떤 판단을 내리기는 어렵지만 제가
	  그동안 관찰한 부분을 말씀드리겠습니다. ○○이는 친구들과 활기차게 어울
	  립니다. 특히 친한 친구는 우리 반에서는 □□이라고 합니다. 친해지고 싶
	  은 친구는 △△으로 '~하는' 점이 좋다고 하네요. 그런데 어제 점심시간에
	  ○○이가 친구들과 게임을 하다가 게임에서 지니까 소리를 질러 아이들이 깜
	  짝 놀랐어요. 지난주 쉬는 시간에는 친구가 자기 물건을 만졌다고 화를 크게
	  내서 싸우는 일이 있었어요.
	* 교사의 관찰로 걱정되는 모습을 객관적 사실로 제시한다.
	
	◎ 가정 생활
	- ○○이는 방과 후에 학원 수강이 많던데 힘들어하지는 않나요?
	  학교에서 쉬는 시간에 학원 숙제하느라 힘들어 하더라고요.

	◎ 학교생활 궁금한 점 - 자녀의 학교생활과 관련하여 ○○을 궁금해하셨는데 ◇◇하는 모습을 보입니다. ◎ 학습 - 학습에 대해서 이야기를 하면 최근에 진단평가를 본 것은 국어는 △△, 수학은 □□ 입니다. - 성취도 평가에서 잘했을 경우: 정말 훌륭하네요. 수학 과목에 자신감이 있는 것 같아요. 계속 지금처럼 하면 되겠습니다. - 점수가 아쉬웠을 경우: 점수를 말하기 전에 ○○이가 수학은 조금 어려웠나 봐요. 보충학습이 필요해 보여요. 가정에서도 관심 갖고 지도해 주시기 바랍니다.
상담 마치기	◎ 마무리 인사 - 혹시 더 궁금하시거나 제가 ○○이에 대해서 더 알아야 할 사항이 있나요? - 네, 그러면 다음 상담이 있어서 여기에서 마쳐도 될까요? - 궁금한 점이 있으면 연락 주세요. 저도 무슨 일이 생기면 바로 연락드릴게요.

③ 상담 내용 기록하기

간단한 메모를 하면서 적극적으로 듣자. 학부모 상담 시 기록한 내용은 1년 동안 학생 행동 개선에 참고 자료가 된다. 여러 학생의 여러 영역을 상담하기 때문에 상담 내용을 기록하지 않으면 상담이 끝난 후 세세히 기억나지 않고 상담 이후 학생의 행동 변화에 대해 피드백을 해주기 어렵다.

④ 상담 시간 지키기

상담 시간 배분도 중요하다. 상담하다 보면 상담 시간을 넘기는 경우가 많다. 그러면 기다리는 학부모에게 피해를 줄 수 있으니 미리 상담 시간이 제한되어 있음을 학부모에게 안내하자. 교사는 상담 전 타이머로 시간을 설정하자. 그 시간 안에 상담할 중요 내용을 놓치지 않도록 하자.

실제 학부모 상담의 내용을 절차에 따라 자세히 소개했지만, 상담 시간의 제한이 있으므로 앞서 소개한 내용을 모두 하기는 어렵다. 학생의 특성에 따라 상담 과정에서 꼭 필요한 내용만 선택해 진행한다.

상담 후 피드백을 하자

상담 과정에서 학부모의 협조를 구했는데 상담 후 바로 눈에 띄게 개선된 모습을 보이는 학생이 있다. 학생의 행동이 개선되면, 교사는 학부모에게 전화로 학생의 성장을 이야기하며 학부모의 걱정을 덜어주자. 문제 행동 개선이 이루어지지 않는 학생은 학부모와 다시 상담해서 상황을 알려야 한다.

이러한 학부모와의 라포르(rapport) 형성은 아이의 학교생활에 문제가 생겼을 때 교사를 믿어주어 문제를 부드럽게 해결하는 바탕이 된다.

"지난번 상담 이후 지각을 하지 않게 되었고, 수업 시간에 늦지 않아서 아이가 집중을 잘하고 있어요. 부모님께서 가정에서 잘 지도해 주신 덕분이에요."

"학기 초 상담에서 용준이가 수학 기초가 좀 약하다고 말씀드렸는

데 방과 후 특별 보충으로 부진한 부분을 보충하면서 성적이 계속 향상되고 있어요."

"어머님과 상담 후 과제를 빼먹지 않고 할 뿐 아니라 친구들 앞에서 본보기로 보여도 될 만큼 멋지게 잘해옵니다. 많이 칭찬해 주세요."

학부모총회를 소통의 출발점으로 활용하자

학부모와 소통을 잘하는 교사가 되기 위해서는 학부모총회를 적극 활용하면 좋다.

학부모총회가 있기 일주일 전부터 공지하고 가급적 많은 학부모가 참석하도록 권유하자. 학부모와 교사가 한 팀이 되어 아이들의 성장을 도와줄 때 평온한 학급이 될 수 있으므로, 총회에서 교사는 교육의 전문가로서 당당하게 학급 운영의 취지를 설명하고 협조를 요청하자.

문제 행동의 원인 파악부터가 소통의 시작이다

교사는 학부모에게 아이들의 잘못된 행동을 '고자질'하는 방식을 취하면 안 된다. 아이들의 문제 행동이 일어난 원인을 파악하는 데 초점을 두어야 한다. 문제 행동 뒤에는 친구 문제, 부모의 무관심 또는 일관성 없는 규칙 강요, 과도한 학습량, 강압적인 가정 분위기 등 다양한 원인이 존재한다. 아이가 스트레스 받고 있는 문제를 학부모와 상담해서 해결해 주면 아이들은 교사를 신뢰하고 의지한다. 아이들 마음을 읽어주면 아이들도 교사의 마음을 헤아려준다. 반 아이들이 "선생님, 선생님, 저는요……" 하기 마련이다.

물론 마음이 아픈 아이들이 있어서 학부모와 교사만의 힘으로 역부족일 때도 있다. 이때는 반드시 전문 기관과 협력해야 한다. 이런 아이들까지 담임교사가 혼자 모두 끌어안고 깊이 개입하면 교사 본인이 회복할 수 없는 깊은 내상을 입기도 한다. 학부모를 설득해 전문가가 아이를 치료할 수 있도록 권유하는 선에서 상담을 마무리하여 학부모 및 전문가와 역할을 나눠 가지자.

아이의 문제 행동에 대해 상담하는 것을 회피하지 말자

교사는 문제 행동이 있는 학생의 학부모에게 너무 솔직하게 이야기를 전달했다가 오해를 받기도 한다. 때로는 학부모의 날카로운 대응에 상처를 받기도 한다. 까칠한 학부모 앞에서 교사들은 꼭 상담해야 하는 아이의 문제에 대해 침묵하게 된다.

어느 직장이든 진상 고객은 있다. 이 진상 고객을 무시할 수도 없고, 그렇다고 그들의 억지스러운 요구에 일일이 대응하거나 마음이 위축되어서도 안 된다. 마음을 단단히 먹고 학부모와 상담하고, 상담으로 해결되지 않을 때에는 관리자와 협의하자.

교사와 학부모의 공통분모는 아이들을 사랑하는 마음이다. 아이들을 성장시키자는 목표에서 보면 교사와 학부모는 한 팀이다. 함께 행복한 팀을 이루어 소통할 때 아이들은 밝고 바르게 성장하게 된다.

아이의 문제 행동은 1학기 때부터 학부모와 교사가 같은 방향으로 지도해야 한다. 교사가 학부모와 소통을 포기하는 순간, 아이는 교사와 부모 사이에서 시소게임을 하듯 아슬아슬한 학교생활을 한다. 시간이 흐를수록 문제 행동은 심화된다.

학부모와의 소통을 포기하고 교사가 혼자 끌어안고 해결하려다 지치기 시작하면, 아이들은 귀신같이 안다. 교권, 수업권, 교육권을 모두 침해해도 되는 것으로 생각하고 막무가내가 된다. 학교 폭력 사안이 발생하고 교실 붕괴가 도미노처럼 일어난다. 불편하지만 우리가 학부모와 상담해야 하는 이유 중 하나는 교사가 살기 위해서다. 동시에 아이들을 살리기 위해서다.

아이가 크게 문제를 일으켰을 때 학부모는 그동안 문제 행동을 제대로 알려주지 않았다며 원망을 한다.

"왜 그걸 이제야 이야기하세요?", "처음 듣는 말이에요."

학부모와의 상담을 회피하지 말자.

"성우는 되는 것과 안 되는 것에 대한 선이 필요합니다"

올해도 우리 반 학부모들은 학부모총회 날 내 말을 진지하게 들었고 몇 가지 질문도 오고갔다. 그들은 공손하게 활짝 웃으면서 내게 인사를 하고 교실을 떠났다. 딱 한 분만 빼고. 그는 웃음기 없는 얼굴로 내 앞으로 왔다. 입꼬리에는 못마땅함이 가득했고 퉁명스럽고 거센 목소리에는 나를 향한 도전이 묻어났다.

"저는 성우 엄마인데요. 성우 자리 왜 앞으로 바꾸셨어요? 애가 아침마다 학교 가기 싫다고 해요."

내가 나쁜 선생님이라고 힐난하는 말투로 들렸지만 일단 학부모의 마음에 공감해 주었다.

"성우가 학교 가기 싫다고 해서 많이 속상하셨겠네요."

공감하는 말을 들은 학부모의 얼굴이 조금 밝아지며 내 말에 귀를 기울였다.

"성우는 개학부터 2주 전까지 맨 뒤에 앉았는데 수업 시간에 교과서도 안 펴고 만화책을 보고, 공부 시간이 시작되면 화장실에 가요. 알림장도 안 써서 매시간 제가 개별 지도하려고 앞으로 앉혔어요. 성우는 마음을 먹으면 잘하는 것 같아요. 국어 시간에 시 낭송을 했는데 우리 반에서 제일 먼저 다 외웠어요. 암기력이 좋아요. 다만 학습 습관은 다듬어야 할 부분이 조금 보여요. 그래서 앞에 앉혔어요. 어머님도 아시다시피 학습 태도가 중요하잖아요. 성우 학습 태도가 좋아지면 자리 조정을 고려해 보겠습니다."

그의 마음이 누그러졌음이 표정에 나타났다. 이때다 싶어 내가 하고 싶은 말을 덧붙였다.

"성우는 쉬는 시간, 점심시간에 보면 친구들과 즐겁게 놀아요. 학교 다니기 싫어하는 애는 아닌 것 같아요. 오늘도 자기 배로 요동치며 꿀렁대는 모습을 저와 친구들에게 보여줘서 우리 반 친구들 모두 웃었거든요. '학교에 가기 싫어요'라고 말한다고 해서 성우의 학교생활이 즐겁지 않은 건 아니에요."

그 순간 성우 엄마는 아들의 모습이 떠올랐는지 입꼬리를 반원으로 그리며 노여움이 가신 부드러운 소리로 고백했다.

"사실은 2학년 때 학교를 다니기 싫어해서 공부 습관 잡는 것은 엄두도 못 냈어요. 학교에 다녀오는 것도 고마웠거든요. 제가 아이 버릇을 더 나빠지게 했나 봐요."

나는 이때다 싶어 입질을 느낀 낚시꾼처럼 성우 엄마의 그 말에 얼른 덧붙였다.

"아이들은 되는 것과 안 되는 것에 대한 명확한 선이 있어야 해요. 저도 이야기하겠지만, 학교에 왜 다녀야 하는지 의미를 심어주고 학생으로서 갖춰야 할 자세를 명확히 가르쳐야 해요. 제가 성우 입에서 학교 다니기 싫다는 말 안 나오게 즐겁게 지도해 볼게요."

내 말을 듣던 그는 고개를 90도로 숙이면서 내 손을 잡고 말했다.

"감사합니다. 우리 아들 잘 부탁드려요, 선생님."

7월이 되자 나는 성우에게 물었다.

"성우야, 너 아직도 엄마에게 아침마다 학교 안 가겠다고 떼쓰니?"

아이가 손사래까지 치며 눈을 크게 뜨고 소리쳤다.

"아니요! 절대 아니죠!"

"아이들 인생에도 골든타임이 있다면 지금 초등학교 시기 아닐까요?"

영수는 우리 반 남자 아이들 중에서 가장 많이 친구들과 다투는 아이였다. 과학 시간에 같은 모둠 아이의 어머님으로부터 자리 교체에 대한 민원이 들어왔고, 하루에도 예닐곱 번은 아이들이 "영수가요~" 하고 이른다. 대부분 남의 물건을 말도 하지 않고 가져다 쓰거나 말보다 행동이 앞서서 생기는 사소한 다툼이다.

시간이 흐르자 영수는 수업 시간에 연필, 지우개, 책 등을 떨어뜨리면서 수업을 방해하기 시작했다. 그러지 말라고 하자 연필로 책에 심하게 낙서를 했다. 다가가서 혼을 냈더니 중얼거리면서 선생님 욕을 한 시간 내내 했다. 아이들은 영수의 중얼거리는 소리 때문에 또 짜증을 냈다. 엄한 영어 선생님 시간에는 혼이 나고 나서 영어책을 반으로 찢어버렸다. 날이 갈수록 심해지는 영수를 보니 부모님과의 상담이 필요했다. 나는 영수 어머님께 전화를 했고 오후에 영수 어머님이 걱정 가득한 얼굴로 교실에 오셨다.

　나는 먼저 말문을 열었다.

　"영수는 친구들과 저를 좋아해요. 친구들에게 색종이로 곤충을 접어서 만들어주고요. 저에게는 어제 꽃도 접어줬어요."

　수심 가득 얼어 있던 학부모의 얼굴에 살며시 미소가 번졌다.

　"맞아요. 우리 애가 마음은 그렇게 따뜻해요. 어떨 땐 딸 같고요."

　"그런데 아이들은 그런 영수의 마음까지는 모르거든요. 그래서 문제가 생길 때가 있어요. 어제는 우진이의 실내화 가방을 영수가 우진이에게 말도 안 하고 가져간 거예요. 그래서 우진이는 5층까지 30분 동안 울면서 찾아 다녔어요. 나중에 보니 1층 중앙현관에 우진이 실내화가 있었어요. 영수가 1층에 두고 갔대요."

　"세상에 어쩜 좋아요. …… 사실은 우리 영수가 6살부터 약을 먹고 있어요, 선생님. 미리 말씀드렸어야 했는데 선입견 가지실까 두려워서 말씀 못 드렸어요. 아이가 하고 싶은 일이 있으면 다른 사람을 생각하지 않고 행동하는 것을 고쳐주려 하는데 잘 안 되네요. 죄송합니다."

　영수 어머니의 사과에, 나는 조심스럽게 제안했다.

　"영수 어머님, 다른 반에 영수처럼 충동적인 행동을 하는 친구가 있는데 놀이 치료 교실에서 역할놀이 수업을 받으면서 많이 좋아졌대요. 한번 생각해 보시면 어떨까요? 소아심리 전문가들은 초등학교 시기가 문제 행동 치료의 골든타임이라고 합니다."

그 후 영수는 치료센터에 등록하고 사회 관계, 또래 관계 관련 치료를 받기 시작했다. 영수가 치료센터에 다닌 지 3주가 지나자 영수를 이르는 아이들이 줄어들었다. 수업 시간에 엉뚱한 말만 하던 영수는 발표도 시작했다. 하루 종일 집중하고 바른 태도로 수업에 참여하고 질문에 정확히 답변하던 그날을 잊을 수가 없다. 아르키메데스의 '유레카'를 영수에게서 경험한 날이다.

적극적인 상담은 학급운영을 수월하게 한다

학부모 상담을 하고 나면 눈에 띄게 달라지는 아이들이 있다. 지각을 많이 하던 아이가 지각을 하지 않게 되고, 수업에 집중을 하지 못하고 친구들에게 말을 걸던 아이도 수업 태도가 많이 좋아진다.

학부모와 교사의 라포르가 형성되면 학부모도 마음을 열고 교사에게 조언을 구하기도 한다. 가정과 학교가 하나가 되어 학생의 문제 행동에 대한 인식과 해결 방향을 모색할 때 학생의 문제 행동은 빠르게 개선된다. 껄끄럽고 에너지가 많이 드는 학부모 상담을 적극적으로 할 때 다른 학생들의 수업권이 보장되고 교사도 학급 운영을 수월히 할 수 있다. 학부모와의 소통은 학생 지도에 대한 협력을 이끌어낸다.

전략적으로 접근하는 학부모 상담을 하자

❶ 상담 전 세심한 준비를 하자

사전 상담 기록지와 NEIS 행동특성 누가기록 등 객관적 자료를
근거로 상담에 임하자.

❷ 상담 시간 안에 상담할 중요한 내용을 꼭 상담하자

학부모 상담 사전 기록지를 미리 읽고 상담 시간 안에 상담할
중요한 내용을 놓치지 않도록 하자.

❸ 최대한 마음을 열고 적극적으로 듣자

교사는 학생에 대한 주관적 의견 제시를 되도록 삼가고
학부모의 말에 공감하고 경청하자.

❹ 상담 내용을 기록하자

기록하지 않으면 상담 내용을 자세히 기억할 수 없고, 학생
행동 개선에 도움을 줄 수 없다.

❺ 상담 후 피드백을 하자

학생의 문제 행동이 개선되거나 개선이 안 될 때 학부모에게
연락하자.

2장 ----------------------------
'긍정의 언어'로 용기와 희망 주기

스승은 영원히 영향을 미친다.
어디서 그 영향이 끝날지 스승 자신도 알 수가 없다.

– 미치 앨봄,『모리와 함께 한 화요일』(2023)

선생님 때문에 임영웅처럼 대형 가수가 될 기회를 놓쳤다

한 모임에서 만난 노신사가 내가 교사라고 하자, 이런 일화를 들려주셨다.

"제 꿈은 초등학교 2학년 때부터 가수였어요. 제 초등학교 2학년 담임선생님이 '상길아 노래를 잘하네'라고 음악 시간에 칭찬해 주셨기 때문에 그날부터 '가수가 되리라' 굳게 결심했어요. 그 뒤로 열심히 노래 연습을 틈틈이 했어요. 그러던 어느 날 제 실력을 보여줄 절호의 기회가 왔어요. 6학년 담임선생님이 번호대로 노래를 부르라고 해서 앞에 나가서 불렀어요. 그런데 제 노래가 다 끝나기도 전에 '제자리로 돌아가!'라고 화를 내서 끝까지 못 불렀어요. 그땐 이유를 몰랐어요. 왜 화를 내며 제 노래를 끊었는지. 중학교 1학년 때 음악 선생님이 노래를 시키더라고요. 다시 제가 노래를 한참 하는데 선생님이 제 노래를 끊으면서 '음치네. 어디 가서 노래는 하지 마!'라고 하더군요. 충격이었어요. 머리에서 '음치네. 어디 가서 노래는 하지 마'라는 소리가 떠나지 않았어요. 그제야 알았죠. 6학년 담임선생님도 제가 노래를 못해서 화를 냈다는 것을. 두 번의 좌절을 겪고는 남들 앞에서 노래를 부르지 않게 되었어요. 6학년 담임, 중학교 음악 선생님의 말씀 한마디 때문에 대형 가수가 될 제 기회가 날아간 셈이죠. 그런 선생님들만 안 만났으면 내가 '임영웅'이 되어 세계 공연을 다니고 있을 텐데 말입니다."

나는 당황해서 아무 말도 할 수 없었다. 실제로 음치일지도 모를 그분이 '임영웅'이 못 된 책임을 교사들에게 떠넘기니 황당하지만, 어린 시절 받은 상처에 동정심도 생겼다.

"용기를 주는 말을 하는 선생님이 되자." ♡

아이들 마음에 희망의 씨앗을 뿌려
꿈의 열매가 맺도록 도와주자

교사의 거칠고 단정적인 말들은 연약한 아이들의 영혼을 파괴하는 총알이 되기도 하고 부메랑이 되어 교사 자신을 공격하기도 한다. 교사의 말 한마디는 수십 년을 지나도 마음에 향기가 되어 아이들의 마음에 남기도 하고, 두고두고 '대형 가수가 될 운명의 수레바퀴를 고장 냈다'라는 원망을 듣기도 한다. 언제 어느 길목에서 우리는

다 큰 제자를 만날지 모른다.

교사란 아이들의 꿈을 빼앗기 위해 있는 직업이 아니고 아이들 마음에 희망의 씨앗을 뿌려 꿈의 열매가 맺도록 도와주는 직업이다. 봄날의 햇살처럼, 때로는 여름의 빙수처럼, 때로는 가을의 들판처럼, 때로는 겨울의 눈처럼 따뜻하고 시원하고 신나면서도 포근한 '말'을 하는 선생님이 되자. 따뜻한 선생님을 보면서 아이들이 사람을 사랑하고 다양한 경험 속에서 성장할 수 있게 하자. 학교나 가정에서 어른들에게 따뜻한 말로 격려를 받아야 아이들은 실패를 소중한 경험으로 기억하며 그것을 딛고 일어나 성장하는 아이가 된다.

아이들이 제일 좋아하는 말은?

매년 3월 2일 개학 날, 나는 아이들에게 '부모님께 듣고 싶은 말, 선생님께 듣고 싶은 말, 친구에게 듣고 싶은 말'을 쓰게 했다. 4학년 아이들은, 부모님께는 '사랑한다', '네가 최고야', '학원 가지 마~!', '선물 사줄게' 등의 말을 듣고 싶고, 선생님께는 '잘했어', '넌 할 수 있어'라는 말이 듣고 싶다고 했다.

교사가 개학 날 받은 설문지를 분석해 아이들이 듣고 싶어하는 말을 기록하고 해당 아이에게 그 말을 건네어 격려하면 아이들 마음은 부드러워진다. 아이들은 자기가 듣고 싶은 말을 담임선생님에게 듣고는 쑥스러운 웃음을 보이지만 마음의 문은 이때부터 열린다.

다양한 방법으로 칭찬하자

3월 우리 반 아이들이 내게 듣고 싶은 말은 '잘했어'라는 말이었다. 나는 너무 단순한 이 '잘했어'가 아이들이 제일 듣고 싶은 말 1위여서 놀랐다. 아이들은 간단한 칭찬의 말 한마디에 만족할 줄 아는 작은 거인이다. 확인 도장만 찍어줘도 아이들은 기뻐한다. 도장, 사인, 웃는 얼굴, 하트, 밑줄, 별표 등 피드백을 하며 아이들을 격려하자.

교사가 한 반에 20명이 넘는 아이들 피드백을 일일이 할 시간은 턱없이 부족하다. 서로 작품을 공유하며 아이들끼리 칭찬해 주게 하자. 발표가 끝난 후 인상 깊었던 작품을 말해보라고 하면 아이들은 교사가 생각하지 못한 것까지 찾아내어 생동감 있게 칭찬한다. 아이들끼리 칭찬을 주고받는 모습은 사랑스럽다.

집으로 가져가 부모님의 칭찬도 받게 하자. 알림장에 "오늘 배움 공책 확인해 주시고, 칭찬의 댓글 부탁드립니다"라고 쓰면 학부모들은 세세한 부분까지 찾아내어 풍성한 칭찬을 해준다.

뾰족하게 들릴 수 있는 조언은 부드럽게 하자

아이들이 실패하거나 좌절할 때, 교사의 부드럽고 따뜻한 격려와 조언은 '용기'라는 엄청난 힘을 발휘한다. 교사가 먼저 뾰족하지 않은 말을 해야 아이들도 동그랗고 분홍빛이 감도는 말을 건넨다.

윌리엄 제임스(William James)는 "어떤 자질을 원한다면, 이미 그것을 갖고 있는 것처럼 행동하라"라고 말했다. 아이들이 어떤 자질을 갖추길 바란다면, 이미 그 자질이 아이에게 있음을 깨닫게 하면 된다. 못한다고 비난하지 말고, 부드러운 햇살과 같은 언어로 '나도 할 수 있다'는 자신감을 심어주자.

아이들의 상황에 따른 교사의 바람직한 반응을 살펴보자

① 물 조절 실패로 도화지가 찢어지려 해서 울상이 된 아이

한 아이가 "선생님, 저 이 도화지 찢어버리고 다시 그리고 싶어요" 라고 말했다.

교사는 아이에게 조언했다.

"물이 많이 들어가서 벚꽃이 그러데이션 처리가 되었네. 마른걸레로 물을 톡톡 제거하고 다 마르면 분홍색으로 포인트를 주면 어때?"

선생님의 말을 듣고 아이가 그림을 수정했다. 교사가 아이의 그림을 보고 다시 말을 건넸다.

"그림이 멋있게 변했네. 그리기에 소질이 있구나."

다음 날 아침 글쓰기 공책에 아이가 쓴 글을 보면 교사의 말이 준 영향력을 확인할 수 있다.

미술 시간에 선생님이 망한 그림을 고쳤다고 미술에 소질이 있다고 하셨다. 잘 믿어지지는 않지만 어쩌면 그럴지도 모르겠다. 다음 미술 시간에는 물 조절을 잘해야겠다. 새 담임선생님은 친절한 사람 같다.

---

② 학부모의 고민 상담

영주의 어머님으로부터 문자가 왔다.

"선생님, 우리 영주가 요즈음 학교생활이 너무 힘들다고 합니다. 혼자된 느낌이라고 하면서 체육 시간에 울었대요. 지난주 금요일에도 비슷한 얘기를 하면서 울었어요. 어떻게 해야 할지 몰라서 연락드립니다."

나는 점심 시간에 급식실로 가면서 영주를 맨 앞줄로 오라고 해 손을 잡으며 부드럽게 말했다.

"영주야, 요즘 친구들과의 관계는 어때? 학교생활은 힘든 점 없어?"

이렇게 조금의 관심을 보여주는 교사의 말로 영주는 보건실에 가는 횟수도 줄어들고 아이들과의 갈등 횟수도 줄었다. 날카로운 아이라도 부드러운 말로 충고하면 아이들은 마음을 연다. "○○야, 너 자꾸 왜 이래?"라는 감정 섞인 말을 하지 않도록 교사는 말을 가다듬어야 한다.

나는 학년 말에 영주 어머니에게서 감동적인 편지를 받았다.

> 우리 아이가 선생님이 안 계셨으면 어찌 4학년을 보냈을까? 생각하면 정말 감사한 마음 전할 길이 없습니다. 올 한 해 마음 써주시고 적극적으로 영주의 교육을 위해서 애써주셔서 진심으로 감사드립니다. 5학년에도 뵈었으면 좋겠는데~ 언제 어디서든 아이들의 편에서 가르침과 지도 잊지 않고 바르고 성숙한 아이로 성장할 수 있도록 저도 엄마로서 최선을 다할게요.

교사가 하는 말에 용기를 내고 위로받는 아이들

올해 임원 선거 날 있었던 일이다. 평소 발표도 하지 않고 수줍어하던 아이가 내 한마디에 용기를 내서 학급 임원 선거에 출마하여 부회장으로 당선이 되었다. 아이의 도전을 크게 축하하고 칭찬했다. 떨어진 아이들도 용기 냈음을 칭찬하며 2학기에 다시 도전할 것을 권유하고 위로했다. 선생님들에게는 임원 선거가 한 학기 행사에 불과하지만 아이들에게는 평생 잊지 못할 기쁜 날도, 속상한 날도 될 수 있다.

임원 선거뿐만 아니라 다양한 학교 상황에서 아이들은 교사의 따뜻한 칭찬과 격려, 위로의 말이 필요한 날이 많다. 의욕을 불러일으키는 다양한 교사의 언어로 소심한 아이들에게 용기를 주자.

선입견으로 혼내면 교사는 학생 앞에서 작아진다

체육 시간에 피구를 준비하다가 있었던 일이다. 서너 명의 아이들이 내게 달려왔다. "은채가 진주 손을 긁어놓고 사과도 안 해요. 진주 손등에서 피가 나요"라며 같은 말을 삼중창 하듯 말했다. 평상시 자주 남자 아이들을 때리고 찌르는 은채에게 화가 난 나는 벌컥 큰 소리로 말했다.

"왜 다치게 해놓고 사과도 안 해?"

은채는 오만상을 쓰며 나보다 더 큰 소리로 바락바락 대들었다.

"진주가 다친 줄 몰랐어요. 알지도 못하는데 어떻게 사과를 해요?"

'그렇지. 다친 줄 몰랐을 수도 있지.' 듣고 보니 사과를 못한 이유가 납득되었다. 당황한 내가 은채에게 할 말을 찾고 있는데 아이가 '엉엉' 울기 시작했다. 진주 손등의 피를 본 그 애도 겁이 나서인지, 자기 맘 몰라주는 나에게 야속해서인지 펑펑 울었다.

나는 몹시 당황했다. 은채를 안아주면서 사과했다. 평소 행동이 거칠고 공격적이었던 은채에게 선입견을 갖고 사실 확인의 과정을 건너뛴 내가 아이의 그칠 줄 모르는 울음 앞에서 한없이 작아진 날이었다.

교사는 말해야 할 것 이상으로 말하지 않아야 한다

교실 안에서 일어나는 많은 일은 교사의 말로 해결된다. 반대로 불필요한 말, 성급한 선입견을 품고 한 말, 아이의 미래의 꿈을 포기하게 만드는 말, 조심성 없는 말들은 교사에 대한 믿음을 앗아간다.

교사의 말은 간결해야 한다. 수사학자 퀸틸리아누스(Marcus Fabius Quintilianus)는 "간결함이란 말해야 할 것을 말하지 않는 것이 아니라 말해야 할 것 이상으로 말하지 않는 것이다"라고 말했다. 교사의 감정이 들어간 말은 아이들의 영혼에 상처를 낼 수 있고 교사 자신의 권위를 땅바닥으로 떨어뜨린다. 말을 조심하지 않으면 큰 화를 입을 수 있다.

인과 관계가 분명한 칭찬을 하자

교사는 인과 관계가 분명한 칭찬을 해야 한다. 과장하고 없는 말을 지어내서 하는 칭찬은 독이다. 아이들도 진정성이 없는 칭찬, 형식적인 칭찬은 다 눈치챈다. 아이들이 인정할 수 있도록 구체적이고 사실에 근거한 칭찬을 하자.

"너는 분명 공부를 잘할 거야. 너는 수업 시간에 집중을 잘하고 배움 공책을 잘 정리하니까."

"너는 반드시 훌륭한 의사가 될 거야. 너는 친구가 아프면 도와주는 따뜻한 마음과 꼼꼼하고 성실한 태도가 있으니까."

"너는 분명 멋진 사람이 될 거야. 청소 시간에 네가 맡은 일을 하고 친구를 도와주잖아."

사실에 근거한 칭찬을 들은 아이들은 자신의 꿈과 희망도 진짜 이루어질 것이라고 믿게 된다. 이러한 칭찬은 아이들의 자존감을 키워준다. 교사와 학생 간에는 라포르가 형성되며 긍정적이고 평화로운 학급 운영이 이루어진다.

'긍정의 언어'로 희망과 용기를 주자

❶ '잘했다'라는 간결한 칭찬을 자주 하자

용기와 희망을 주는 칭찬과 박수갈채를 보내자.

"새봄아, 잘했어. 짝짝!"

❷ 훈육할 때는 따뜻하면서도 단호하게 조언하자

교사는 화난 감정을 드러내지 말고 부드러우나 가르쳐야 할

것을 분명하게 지도하자.

❸ 교사는 말해야 할 것 이상으로 말하지 말자

교사의 감정이 들어간 말과 불필요한 말을 하지 말자.

❹ 다양한 방법으로 칭찬하자

칭찬의 말, 박수, 칭찬 쿠폰, 도장 등을 활용하자. 수업 시간에

아이들끼리 칭찬을 주고받게 하고, 가정에서는 부모로부터 칭찬을

받게 하자.

❺ 인과관계가 분명한 칭찬을 하자

사실에 근거한 칭찬으로 아이들의 자존감을 키워주자.

3장

'아이들이 좋아하는 것'으로 소통하기

어른들은 누구나 처음엔 어린이였다.
그러나 그것을 기억하는 어른은 별로 없다.

－ 앙투안 드 생텍쥐페리, 『어린 왕자』(1943)

옥이 샘을 보면 피리 부는 사나이가 생각난다. 복도에서나 급식실에서나, 학교 정원이나, 운동장에서나…… 언제 어디서나 아이들에게 둘러싸여 아이들을 몰고 다닌다. 동료 교사들이 묻는다.

"어쩜 반 아이들이 그렇게 선생님을 좋아해요? 젊은 선생님도 아닌데……."

"왜 아이들이 졸졸 따라다니는 거예요?"

옥이 샘은 말했다.

"비결은 없고요, 제 수준이 딱 애들 수준이에요."

'수준이 딱 애들 수준'. 집에 가서 생각해 보니 그 말은 바로 아이들 눈높이를 맞추어주고 공감하며 친구처럼 지낸다는 뜻이었다.

"아이들과 눈높이를 맞추는 교사가 되겠어." ♡

옥이 샘은 딱지치기도 배웠다

"나도 딱지치기하고 싶다! 그런데 딱지가 없어."

옥이 샘 말이 끝나자마자 지우가 교사 책상 앞으로 와서 자기가 갖고 있던 왕 딱지 한 장을 주고 씨익 웃으면서 들어갔다. 다른 아이들도 제일 좋은 딱지를 한 장씩 주고 가서 순식간에 스무 장이 넘게 됐다.

"그만 줘. 얘들아, 선생님 딱지 많이 필요 없어. 할 줄도 몰라서 한 장만 있으면 돼"라고 말하자, 우리 반 딱지 왕 경수가 옥이 샘에게 쪼로록 다가와 공손하게 말했다.

"선생님, 제가 조금 알려드릴까요?"

"그래? 어떻게 하면 되는데?"

"딱지가 돌고 있을 때 빨리 요 끝부분을 치면 돼요. 그리고 무거운 딱지로 하면 가벼운 걸 이길 수 있어요. 저랑 한번 해보실래요?"

그렇게 쉬는 시간 10분 동안 경수에게 딱지 레슨을 받았다. 물론 그날 옥이 샘은 딱지치기에는 너무나 어설픈 손놀림으로 딱지를 뒤집기는커녕 조준조차 못했다. 팔만 아팠다.

그래도 왜 아이들이 딱지놀이를 좋아하는지 이해했다. 쉬는 시간마다 너무 시끄러워서 딱지 금지령을 내리고 싶은 맘이 굴뚝같았지만 참을 수 있게 되었다. 직접 해보니 딱지치기는 매력이 있다.

아이들과 좋아하는 것을 함께 나누자

아이들이 좋아하는 것을 자주 물어보자. 좋아하는 노래, 가수, 텔레비전 프로그램, 과목, 음식, 운동, 재미있게 읽은 책 등등 이야깃거리는 많다. 아이들이 좋아하는 노래를 같이 듣고 불러보자. 재미있게 읽은 책을 교사도 같이 읽어보자. 아이들이 무엇을, 왜 좋아하는지 공감해 보자. 또, 교사가 좋아하는 책, 식물, 여행지, 친구, 어린 시절, 노래 등에 대해서도 아이들에게 들려주자. 교사에게 인간적인 친근함과 매력을 느끼며 가까워진다.

"얘들아, 선생님도 어릴 때 줄넘기 쌩쌩이 진짜 못했거든. 근데 매일 아침 연습하다 보니 어느 날 쌩쌩이를 연속 두 번 하게 된 거야. 그러다가 며칠 지나 열 번을 하게 됐어. 신기하게 말이야. 보여줄까?"

"내가 어이없이 앞으로 고꾸라져서 눈에 시퍼런 멍이 들어 판다가 되었던 적이 있어."

내 이야기가 끝나기도 전에 아이들은 손을 들고 자기 이야기를 하고 싶어서 안달이 난다. 듣고 말하다 보면 교사도 아이들도 즐겁다. 어려움을 극복했던 교사의 경험들을 나누면 아이들은 선생님의 어린 시절 모습을 상상하며 깊은 친밀감을 느낀다. 또, 선생님의 도전을 따라 하려는 용기를 갖는다.

식물로 소통하자

교실에서 식물을 기르면 좋은 점이 많다. 3월 어색한 첫 만남은 식물을 키우면 자연스레 사라진다. 아이들과 첫 만남을 준비하면서 교실에 어떤 식물이든 가지고 오면 좋지만, 한살이가 짧고 꽃이 피는 식물이 이야깃거리가 많다. 튤립처럼 싹이 올라오고 잘 자라면서 꽃도 볼 수 있는 식물이 좋다. 도무지 무슨 꽃인지 상상할 수 없었던 알뿌리가 눈부시게 아름다운 튤립으로 피어났을 때 교실은 환호로 가득 찼다. 교실에서 튤립과 함께한 한 달 동안 우리는 수많은 이야기꽃을 피웠다. 아이들은 시인도 되고 철학자도 되었다.

| 튤립으로 행복한 우리 반 |

| 식물을 키우며 시인이 된 아이들 |

쿵푸야 쿵푸야*
언제 이렇게 폭싹 말라버렸니?

쿵푸야 쿵푸야
너의 1시간은 나의 1년일까?

쿵푸야 쿵푸야
물을 먹어도 다시 살아나지 않네.

쿵푸야, 편히 땅에서 쉬렴.

– 4학년 아이의 시

* 쿵푸는 우리 반 아이들이 튤립에게 지어준 이름이다.

교실에 포근한 인형을 비치해 동심에 날개를 달아주자

천으로 된 귀엽고 폭신한 인형을 교실 어딘가에 놓아두면 아이들은 정서적으로 친근함과 포근함을 느낀다. 저학년도 좋아하지만 중학년, 고학년 아이들도 인형을 좋아한다. 저학년 아이들 중 일부는 인형에게 말을 건네고 상상의 날개를 펼쳐 인형 놀이를 하기도 한다. 평소 말이 없던 아이들끼리도 인형과 함께 놀다가 친해진다. 포근한 인형은 소통의 좋은 매개체가 된다. 쉬는 시간마다 펼쳐지는 상상의 세계는 아이들의 언어와 사회성, 정서 발달을 돕는다.

| 인형으로 꾸민 포근한 교실 |

학교 여유 공간을 활용해 우리들의 정원을 만들어보자

올해 나는 우리 반 아이들과 함께 우리 학교 앞뜰의 빈 화분에 다양한 식물을 심었다. 직접 심어서인지 보고 싶어 매일 갔다. 물과 햇빛만으로도 이렇게 훌륭하게 자라는 식물을 보면서 함께 관리하

| 식물을 키우며 소통하는 아이들 |

식물의 변화 모습		쏟아지는 아이들의 말
		"풍선초 씨앗이 올라왔네!" "선생님, 하트 풍선이 하늘에 달렸어요."
		"선생님, 죽었던 제 배추가 살아났어요! 영양제 줘서 그런가 봐요. 너무 신기해요."
		"어제 두 잎이 핀 해바라기가 오늘 두 잎 빼고 다 폈어요!" "대박!"

는 아이들과 기뻐했고, 벌레 먹어 시들해지는 배추를 보면서 안타까워했다. 경이로운 자연의 신비도 눈으로 확인했다. 아이들은 식물을 키우면서 작고 소중한 것들을 사랑하는 마음을 꼬물꼬물 키워나갔다. 자연은 언제나 위대한 교과서다.

학교에 심으면 좋은 식물은 무엇일까?

식물과는 거리가 멀어도 너무 멀었던 내가 올해 아이들과 함께 씨앗을 뿌리고 모종을 키워보니 왜 사람들이 다섯 평 주말농장에 매일 출근하다시피 정성을 기울이는지 공감할 수 있었다. 나 역시 비가 많이 오던 장마철과 긴 연휴에는 학교 화분이 걱정되어 학교에 가고 싶어졌다.

학교에 심어본 식물들을 소개하면 다음과 같다. 아이들은 어떤 식물이든 한 포기라도 기르면 1년 내내 어린 왕자가 장미를 걱정하고 돌보듯 식물을 길들이며 자연과 관계를 맺는다.

| 학교에서 관찰하면 좋은 식물들 |

3월 심기 좋은 알뿌리	봄, 심기 좋은 씨앗	봄, 심기 좋은 모종	가을,심기 좋은 모종
튤립 알뿌리	해바라기, 강낭콩, 풍선초, 봉숭아, 맨드라미 등 꽃을 볼 수 있는 것들	방울토마토, 수박, 참외 상추, 가지, 고추, 오이, 호박 등 열매를 볼 수 있는 것들	배추, 무, 당근 등 겨울 김장을 할 수 있는 것들

혼자 노는 아이들과 함께 놀며 말을 건네보자

쉬는 시간에 혼자 책을 읽거나 그림을 그리는 아이가 있다. 놀고 있는 친구들 주변을 서성이는 아이도 있다. 교사는 그들의 숨겨진 마음을 읽어주고 친구들과 함께 놀 수 있도록 도와줘야 한다. "현석

아, 선생님과 함께 보드게임 할래?"라고 말하면 다른 아이들도 우후죽순 말한다.

"저랑도 해요, 선생님!"

이때 슬며시 혼자 노는 아이들과 다른 아이들이 함께 놀 수 있도록 유도한다.

급식 시간은 아이들과 소통할 수 있는 좋은 시간이다

급식 시간에는 소설가 김연수가 한 말처럼 "오직 이유 없는 다정함만으로" 얼굴과 얼굴을 마주하자. 점심을 먹을 때 아이들 사이에 앉아 아이들과 함께 식단에 대한 이야기를 나누면 정말 재미있다. 수박이 점심에 나온 날 앞에서 급식을 먹던 연아는 선생님께 말했다.

"선생님, 저는 수박을 너무 좋아해요. 그래서 수박 6분의 1통은 먹을 수 있어요."

"그래? 나도 수박 진짜 좋아해. 나는 작은 수박 4분의 1통은 먹을 수 있어."

수학 시간에 배운 분수를 섞어가면서 이야기하니 더 재미있다. 평소 말이 너무 없는 아이 옆에 앉아 점심을 먹으며 이야기를 나눠보자. 상담 시간을 따로 낼 여유가 없는 선생님은 급식실을 오가며 점심을 먹으면서 아이들과 소통하자.

지각 대장의 지각 습관을 고쳤다

우리 교실에 물을 안 줘 시들어가던 식물이 있었다. 학교에 다니기 싫다며 지각을 자주하는 성호에게 매일 아침 일찍 와서 물을 주라고 했더니 열심히 줘서 살려냈다. 아이는 학급에 소속감을 느끼기 시작했고 서서히 지각 습관을 고쳐나갔다. 평소 말도 안 하고 퉁명스럽게 대꾸하던 아이 성호는 식물 관리사가 된 후 나에게 미주알고주알 자기 이야기를 하기 시작했다.

어느 날 물에 빠진 매미 영상을 보여줬더니 성호가 쉬는 시간에 내게 말했다.

"선생님 곤충에 대해 관심 있으시면 여주곤충박물관에 가세요……. 그 근처 식당은 꼭 ○○을 가세요. 얼큰한 국물이 끝내주거든요."

학년이 바뀐 어느 날 4층 복도에서 성호를 만났다. 반갑게 인사하는 아이를 보고 내가 물었다.

"성호야, 학교에 일찍 잘 오지?"

"그럼요, 그럼요. 저 이제 지각 절대로 안 해요. 우리 담임선생님께 여쭤보세요."

또래 상담가의 활동을 격려하자

아이들 중에는 문제 행동을 일으키는 아이, 조금씩 성장하는 아이, 선생님 눈을 속이고 못된 짓 하는 아이, 아이들 소식을 미주알고주알 전해주는 메신저 같은 아이도 있으며 마음속에 50대 어른이 숨어 있는 아이도 있다. 특히, 어른스러운 이 꼬마 철학자들은 교사가 공감할 수 없는 부분까지 같은 반 친구들 입장을 대변하며 해결책도 제안한다. 그들이 하는 말속에서 위대한 철학자 같은 '촌철살인'의 명언이 반짝일 때도 있다.

　이 철학자들은 쉬는 시간, 점심시간에도 교실을 근심 없고 평화로운 장소로 만드는 또래 상담가가 된다. 교사가 아무리 교실에서 매의 눈으로 지켜본다 해도 아이들 일거수일투족을 모두 샅샅이 볼 수도 없고 알 수도 없다. 교사의 눈이 못 미치는 시공간에서는 이 또래 상담가가 소통을 이끈다. 교사는 또래 상담가의 활동을 격려하여 소통과 상담이 오고가는 교실 분위기를 만들자. 윤활유 같은 또래 상담가의 활동은 평온한 교실을 유지하게 해준다.

'아이들이 좋아하는 것들'로 소통하자

❶ 아이들이 좋아하는 것, 선생님이 좋아하는 것들을 함께 나누자
아이들과 선생님의 관심거리를 공유하며 거리감을 극복하고
인간적 친근함과 행복을 나누자.

❷ 함께 식물을 기르면서 농부의 대화를 해보자
식물을 가꾸며 발견한 생명의 신비와 노동의 즐거움을 나누고
인성교육을 해보자.

❸ 교실에 포근한 인형을 비치하여 아이들과 소통해 보자
인형을 통해 정서적 포근함을 주고 아이들과 소통의 매개체로
이야기를 나누자.

❹ 부적응하는 아이와 소통하자
혼자 노는 아이, 지각하는 아이가 식물 관리와 인형놀이 등을 하며
소속감과 학교생활의 즐거움을 느끼게 하자.

❺ 또래 상담가의 활동을 격려하자
교사의 눈이 못 미치는 시공간에서는 또래 상담가가 이끄는 소통으
로 학급을 부드럽고 평화롭게 만들자.

2부
평화, 학교 폭력 예방

4장 ━━━━━━━━━━━━━━━━━━━━━━━━━

학교 폭력, 어떻게 예방할까?

모든 사람은 다른 사람들이 선과 악을 분별하게끔 돕고
선을 선택하며 악을 피하도록
서로를 격려해 주어야 할 의무가 있다.

– 존 스튜어트 밀, 『자유론』(2018)

"우리 반 학폭 터졌어요. 민호 엄마가 민균이를 학폭으로 신고했어요. 학원에서 민균이가 민호에게 욕을 하며 주먹을 휘둘러서 얼굴에 멍이 들었대요."

"어머나! 둘이 친한 것 같던데 민균이가 왜 그랬대?"

"며칠 뒤 민균이 엄마도 민호를 학폭으로 신고했어요. 욕을 먼저하고 시비를 건 것은 민호라고 해요."

"무슨 일이야? 쌍방 신고가 되었네."

"두 학부모가 감정이 날카로워서 각자 저에게 하소연을 하시는데너무 힘드네요."

"교육청 조사관이 사안 조사를 하지 않아?"

"근데 학부모님들은 저에게 계속 연락을 하세요. 두 집 다 변호사

를 선임한다고 하면서 학교에서 어떻게 처리할지 두고 본다고 하시
네요……."

"우리가 학교생활 중에 일어나지 않은 일까지 어떻게 다 책임지고
예방할 수 있어? 학교의 책임은 무한대야?"

"교사가 어디까지 해결해야 하는 걸까?" ♡

현재의 학교 폭력 예방 제도는 문제점이 많다

'다친 아이의 몸과 마음의 상처를 어루만져 주고 잘못한 아이가 반
성하고 다시는 같은 잘못을 되풀이하지 않도록 바로잡아 주자'는
것이 학교 폭력 예방 제도의 기본 취지였으나, 현재 교육 현장에서
본질은 사라지고 절차와 형식만 남아 있다.

학교 폭력 예방 제도의 문제점을 짚어보자면 첫째, 학교가 감당
해야 할 학교폭력예방법의 대상 범위가 너무 넓다는 것이다. 학교
폭력예방법에서 '학교 폭력'이란 학교 안팎에서 학생을 대상으로
한 폭행, 감금, 협박, 모욕, 성폭력, 따돌림 및 정보 통신망을 이용
한 음란·폭력 정보 등에 의하여 신체·정신 또는 재산상의 피해를 주
는 모든 행위라고 정의되어 있다. 법의 처음 취지는 중대 학폭 예방
이었지만 현장에서는 경미한 사안까지 학교 폭력으로 접수되는 실
정이다. 학교 현장에서 충분히 교육적 해결이 가능한 사안까지 학
교 폭력으로 다루어지는 부작용을 낳고 있다.

학교 폭력 관련 사안 처리 매뉴얼이 복잡하다

학교는 사법 기관이 아니라 교육 기관이다. 학교폭력이 한 건 접수 되면 처리해야 하는 과정과 갖춰야 할 서류, 숙지해야 할 지침들이 너무 많고 어렵다. 교육 현장이라는 고려 없이 형사 제도에서 따온 많은 절차들은 학교 폭력 예방이라는 원래 취지를 희석시킨다. 법 률 용어로 가득한 학폭 책임 교사 지원 연수는 연수를 받아도 난해 해서 실제 학폭이 터졌을 때 적용이 어렵다. 또한 최대 기피 업무인 학폭 업무는 연속성과 전문성을 확보하기 어려운 구조다.

학교 폭력 신고 제도가 변질되고 있다

학교 폭력으로 신고당할 경우 변호사를 선임해 자녀가 받는 처벌을 경감하는 데에만 치중하는 것이 공식처럼 되었다. 변호사는 아이 부모에게 유리한 입지를 점할 수 있는 법을 알려주며 방어를 돕는 다. 그러면 다른 쪽도 변호사를 선임하고 '쌍방 폭력 신고'로 점화 된다. 학교 폭력 신고는 아이들의 싸움을 어른들의 싸움으로 부추 기는 공식적인 제도로 변질되어 진화하고 있다.

학교 폭력 예방 제도는
다친 아이의 마음과 몸의 상처를 치유하지 못한다

학교 폭력 예방 제도는 관련 학생 모두에게 상처가 되며 처벌과 형식적 사과로 마무리된다. 교사는 사람으로서 해서는 안 되는 행동에 대한 교육을 반드시 해야 한다. 잘못을 깨닫고 사과하고, 다시는 그런 행동을 하지 않도록 반성할 시간을 충분히 주어야 한다. 그런데 이러한 시간은 건너뛰고 처벌을 통해 임시방편으로 봉합하는 방식은 진정한 교육과는 거리가 멀다. 학폭이 접수되는 순간, 어제까지 한 동네에서 깔깔대며 장난치고 우정을 나누던 두 학생과 그 가족들은 돌이킬 수 없는 강을 건너 다시는 친구와 이웃이 되기 어려운 관계가 된다.

학폭 책임교사와 담임교사가 정신적으로 피폐해진다

거창한 이름으로 학교 폭력 전담 기구가 구성되어 있고 그 아래 교감, 보건, 교무 등으로 교원 위원들도 있지만, 전 과정은 책임교사가 맡아서 진행한다. 책임교사 주도하에 업무 처리가 이루어지고 요즘은 교육청으로도 업무 중 많은 부분이 이관되었지만, 담임교사는 그저 담임이라는 이유만으로 시공간을 넘어서 책임을 추궁받는다. 사안을 해결하는 과정에서 교사는 양쪽 학부모와 관리자들의 감정의 쓰레기통이 된다. 관련 학생들, 학부모들, 관리자들을 상대하다 보면 마음의 상처를 입고 정신적 무력감을 느낀다.

가해자건 피해자건 학교 폭력이라는 프레임 안에 들어오면 모두가 억울하다. 부모는 자기 아이의 문제 행동을 돌아보지만 상대 아이의 잘못과도 세밀하게 저울질하며 억울함을 느낀다. 부모는 방어적인 태도를 취하며 화풀이 대상을 찾는다. 그 대상이 바로 담임교사다. 예민해진 학부모들은 사안 조사 과정이나 사안 처리 과정에서 자그마한 빈틈만 있어도 담임이나 학폭 책임교사를 원망하며 때로는 모든 문제의 출발이 담임교사에게 있다고 뒤집어씌우는 경우도 있다.

자신의 일로 여기고 진정으로 발로 같이 뛰는 관리자도 있지만 빠른 종결에 치우쳐 교사의 감정과 인격을 충분히 배려하지 못하는 관리자도 있다. 이런 다중적 압박으로 피폐해진 교사들은 정신과 치료를 받거나 책임감으로 버티다 쓰러져 병원에 입원하는 경우도 있다. 교단을 떠난 사람도 많다.

학교 폭력에서 학교의 역할은 무엇이고 어떻게 해야 하나?

처벌하고 형식적으로 사과하는, 사회의 형사 제도를 그대로 학교에 옮겨 온 학교 폭력 예방 제도는 없느니 못한 학교의 짐이 되었다.

교실에서 학교 폭력 예방 제도로 처벌받을 만큼 악한 아이들이 얼마나 될까? 극소수의 악한 아이들에게 적용되어야 하는 제도가 학교 폭력의 프레임 안에서는 모든 아이들이 잠재적 가해자로 취급되게 한다. 지금과 같은 제도하에서는 모든 아이들이 하루아침에 가해자가 될 수도, 피해자가 될 수도 있다. '기분'이 나쁘면 무조건 학교 폭력으로 신고할 수 있는 학교 폭력 예방 제도의 허술함 때문이다.

경미한 사안은 담임교사에게 말하여 학생의 반성과 회복을 통한 성장이 목적이 되어야 하고, 심각한 사안은 경찰에 신고해 처벌받도록 학교 폭력의 범위가 구분되어야 한다. 교사가 교육으로 해결하지 못할 극악한 학교 폭력은 대한민국의 일반적 소송들이 그러하듯 경찰에 신고해 경찰서에서 조사하고 해결하는 것이 바람직한 방향이다.

그렇다면 이렇게 허술한 모방으로 만들어진 학교 폭력 예방 제도 속에서 우리 교사들은 무엇을 어떻게 해야 할까?

예민한 관찰자가 되자

학교 폭력을 예방하려면 교사는 평소 아이들에게 세밀한 관심을 가져야 한다. 아이들은 하루 중 대부분의 시간을 친구들과 부대끼며 보낸다. 좁은 공간에서 많은 아이들이 생활하다 보면 크고 작은 다툼이나 갈등이 생긴다. 그러므로 교사는 모든 감각을 열고 예민한 관찰자가 되어야 한다. 담임교사의 레이더망에 없었던 시간들, 전담 교사 수업이나 점심시간 후 교실의 온도도 수시로 체크해야 한다. 아침 글쓰기 공책이나 건의함을 통해 도움이 필요한 아이들이 교사에게 고민을 수시로 이야기할 수 있도록 장치도 마련해 주자. 주기적으로 학생들의 마음을 들여다볼 수 있는 마음 설문지 조사 등을 실시하는 것도 좋다.

초기에 평화로운 해결에 힘쓰자

갈등이 일어났을 때 초기에 평화로운 해결이 중요하다. 이때 교사가 성급히 해결하려는 태도는 위험하다. 급하게 해결하려다가 오히려 갈등이 심화되는 경우가 많다. 평화적인 해결을 위해서는 세심한 접근이 필요하다. 먼저 개별적으로 조용히 물어보고 아이들의 감정을 확인하는 것이 좋다. 보통 문제가 발생하면 교사는 이 과정을 건너뛰고 즉시 관련 아이들을 불러 취조하듯 상황을 물어본 뒤 판결자가 되어 화해를 종용한다. 얼핏 보면 갈등이 해결된 것 같지만 이 방법은 갈등의 씨앗만 키울 뿐이다.

'나 대화법'으로 감정을 이야기할 수 있는 시간을 충분히 줘야 한다. 이때 중요한 것은 교사의 추측이나 의견은 말하지 않고 온전히 들어주는 것이다. 분노에 차 있던 감정을 교사가 공감해 준다. 그러고 나서 99% 상대방이 잘못했지만 내가 잘못한 1%가 있다면 무엇이 있을까, 만약 시간을 되돌릴 수 있다면 내가 어떻게 행동했을까 천천히 생각하고 말해보라고 한다. 그러면 아이들은 잠시 생각했다가 각자의 잘못을 말한다. 상대방의 진정성 있는 반성을 듣는 순간 사나웠던 아이들의 마음은 눈 녹듯이 녹는다. 으르렁대던 목소리와 분노에 가득했던 눈동자가 순한 양으로 돌아와 있다. 마음을 터놓은 대화 뒤에는 사과할 수 있는 용기와 용서할 수 있는 아량이 생긴다. 아이들은 교사가 시키기 않아도 상대에게 진심으로 사과하고 용서한다.

교사는 이 과정 속에서 진심 어린 사과와 용서를 한 아이들을 격려해 준다. 갈등이 일어나면 관련 아이들을 문제아로 낙인찍지 말고, 슬기롭게 잘 해결해 나간 그 마음을 칭찬해 준다. 갈등은 자연스럽다. 이것을 부드럽게 풀어나가는 것이 가장 중요하다. 친구들 관계에서 갈등 상황을 원만히 해결해 보는 성공 경험은 아이들의 성장에 무엇보다 필요하다.

지속적인 인성교육을 하자

학폭과 관련한 구체적 교육 방법들은 지속적이고 일관된 인성교육이 바탕으로 깔려 있을 때 가능하다. 학폭 예방교육은 외부 강사 초청의 일회성 교육으로 단시간에 이루어질 수 없다. 식물을 가꾸듯 정성을 다해 한 인간의 영혼을 돌보고 성장할 수 있도록 물을 적셔 주는 과정이 1년 내내 이루어져야 한다. 아이들은 미성숙해서 때로는 거칠고 악하다. 이런 마음들을 때로는 어루만지고 때로는 단호하게 가르쳐야 한다. 해야 할 것과 하지 말아야 할 것을 분별하게 하며, 인간 내면의 아주 깊은 곳을 다듬고 선악의 싸움에서 매 순간 선을 선택할 수 있도록 반복해서 가르쳐야 한다.

인성교육은 기술이나 기법만으로 단기간에 될 수 있는 것이 아니라는 점에서 매우 어렵지만 아이들은 변화와 성장 가능성이 큰 존재라는 점은 매우 희망적이다. 그래서 교사는 인성교육을 포기하면 안 된다. 학교 교육과정과 아이들의 학교생활 모습 안에서 다루어지는 삶의 모습, 사례들 속에서 인성교육을 틈날 때마다 하겠다는 마음가짐을 가져야 한다. 아이들은 '인성교육 2시간', '학폭 예방교육 2시간'이라는 기계적이고 뜬금없는 맥락보다 그들의 삶 속에서 수시로 이루어지는 인성교육을 더 잘 이해하고 받아들인다. 인성교육은 아이들의 현재 삶과 어우러졌을 때 변화와 성장이 크고 내면화의 깊이가 깊어진다. 따라서 하루 종일 생활을 같이하는 담임교사의 역할이 중요하다.

사이버 공간은 학폭이 발생할 수 있는 또 하나의 교실이다

교사는 아이들이 불편했던 감정들을 쌓아두고 드러나지 않는 사이버 창구를 통해 표현하고 있지는 않은지 유심히 파악하고 예방교육을 해야 한다.

친구 관계에 어려움을 느끼는 민아 엄마에게서 연락이 왔다.

"선생님, 미영이가 우리 아이에게 '학급 단톡방'이 있는데 우리 민아의 뒷담화를 하고 있다고 말해줬대요."

아직 4학년이라서 단톡방에 대한 생활지도는 하지 않았는데, '아차!' 싶었다. 쉬는 시간에 아이들 모르게 미영이를 연구실로 불러 물어보니 여학생 세 명과 남학생 네 명이 참여하는 단톡방이 존재한다고 했다.

"민아가 규빈이를 좋아하는데 규빈이는 민아에게 관심이 없대요. 그걸로 민아를 놀리는 댓글을 달고 이상한 이모티콘으로 비웃고 있어요."

단톡방에 참여한 일곱 명의 학부모에게 단톡방 운영의 문제점을 알리고 모두 탈퇴시켰다. 또 알림장에도 알려 학급 구성원 모두에게 협조를 구했다.

아이들이 휴대전화를 갖게 되면서 온라인상에서도 여러 가지 갈등과 사이버 언어폭력, 사이버불링, 딥페이크 성착취물 제작 유포 등에 노출될 위험이 커지고 있다. 창의적 체험 활동 시간과 조례와 종례 시간에는 사이버폭력에 대한 예방교육을 정기적으로 해야만 한다. 사이버 공간은 학폭이 발생할 수 있는 또 하나의 교실임을 염두에 두고 눈에 보이지 않는 상황을 예측하고 예방 교육을 하는 것이 중요하다.

아이들은 스스로 문제를 해결할 수 있는 힘이 있다

아침에 성훈이가 눈 밑에 긁힌 자국이 선명한 채로 등교했다. 나는 물어보았다.

"성훈아, 얼굴 상처는 왜 생긴 거야?"

"어제 민국이가 제 얼굴에 신발주머니로 휘둘러서 다쳤어요. 그래서 생긴 거예요."

"치료는 했니?"

"아뇨~."

"그럼 지금 보건실에 가서 상처 치료를 하고 와."

잠시 후 민국이가 학교에 왔다. 민국이에게 물었다.

"어제 성훈이와 무슨 일 있었니?"

"성훈이가 먼저 침을 뱉었어요. 그래서 침을 막으려고 신발주머니를 들었다가 생긴 일이에요."

오후에 두 아이와 상담했다. 같은 일을 두고 서로의 생각이 얼마나 다른지 알 수 있었다. 자신이 잘못한 점, 후회되는 점을 말해보라고 했다.

두 아이는 생각하고 말할 시간을 충분히 주자 각자 자기 잘못을 이야기한 뒤 서로 웃기 시작했다. 그리고 사과했다. 아이들은 한 시간의 상담으로 서로를 이해하더니 느닷없이 선생님인 나에게 자기들이 얼마나 힘든 방과 후 시간을 보내는지 말하기 시작했다. 웃음이 나왔다. 서로 다툰 아이들이 갑자기 한편이 되어 어른(부모님, 선생님)들은 자기네 심정을 모른다면서 상담을 더 하자고 했다.

"왜?"라고 묻자,

"학원 배먹으려고요."

"얼른 가!"라고 소리를 질러 보냈다. 아이들을 보내고 나는 아이들과 나눈 대화가 떠올라 웃음이 났다.

다음 날 아침 우리 반 아이들이 교실 문을 열고 나를 보자 마자 새 떼처럼 날아와 내게 말했다.

"선생님, 어제 성훈이와 민국이가 엄청 재밌었다면서 자랑했어요. 어깨동무하고 다니더라고요. 상담 시간에 무슨 일 있었어요?"

이 사건은 〈대학살의 신〉(2011)이라는 영화를 생각나게 한다. 놀다가 이를 부러뜨린 아이의 부모가 피해 아동의 집에 찾아가 사과한다. 처음에 두 부부는 교양과 지성으로 아이들 싸움을 원만히 해결하려고 노력한다. 그러나 곧 아이들보다 더 추한 민낯을 드러내며 뒤엉켜 싸운다. 야만만 남은 부모들의 싸움이 벌어지는 동안 싸움의 당사자인 아이들은 다시 잘 어울려 놀고 있는 장면으로 영화가 끝난다. 아이들 간의 싸움으로 시작되는 이 영화는 인간의 가식과 불완전함을 풍자하나 교사인 나에게는 다른 측면이 두드러지게 보였다.

아이들은 스스로 문제를 들여다보고 해결할 힘이 있다는 것이다. 아이들끼리 갈등 상황이 발생했을 때 시간을 두고 충분히 이야기를 들어보자. 그 과정 속에서 아이들은 스스로 자신의 행동을 반성하고 사과하면서 성장한다. 어른들이 불필요하게 문제를 키울 뿐이다.

사안이 복잡한 경우 학폭 전담교사와 상의하자

내가 3학년 담임을 하고 있을 때 일이다. 점심시간에 피구를 하고 있었는데 5학년 3반 남학생 둘이 우리 반 3학년 여학생을 발로 차고 때렸다는 말을 듣고 해당 5학년 교실로 뛰어 올라갔다. 5학년 담임선생님께 양해를 구하고 사실 여부를 확인했는데, 우리 반 아이들이 전한 말과는 달라도 너무 달랐다. 5학년 아이들은 우리 반 아이들이 먼저 욕을 하고 소리를 지르고 발로 찼다고 했다. 누구 말이 사실인지 더 확인이 필요했다.

'사실이라면 우리 반 아이들이 먼저 사과할 일 아닐까?' 교실로 돌아온 나는 함께 피구를 한 아이들에게 사실 확인서를 받았다. 5학년 담임선생님께도 부탁을 드려 5학년 해당 학생들에게도 사실 확인서를 받았다. 사실 확인서 20여 장을 읽고, 다친 아이를 부축해 보건실에 같이 갔던 아이와 상담해 보니 우리 반 아이가 먼저 욕과 폭력을 행사했다는 것을 알 수 있었다. 그런데 우리 반 학부모는 자기 아이의 상처만 봤으니 억울해서 견딜 수가 없었는지 병원에 가서 진단서를 발급받겠다고 했다.

그날 저녁부터 나는 우리 반 학부모로부터 문자를 받기 시작했다. "어떻게 고학년 남학생이 저학년 여학생을 때릴 수 있어요? 진단서 2주 받았어요"라는 문자와 더불어 상처 부위를 찍은 사진 10여 장 보내왔다. 우리 반 아이가 먼저 욕을 했고 발로 차서 5학년 남학생들이 막는 과정에서 쌍방이 폭력을 휘둘렀으나, 학부모는 내 말을 믿지 않았고 일방적으로 폭행을 당했다고 주장했다.

다른 학년과 연관된 사안이고, 학부모의 태도도 완강해서 담임으로서 이 문제를 해결하기 어렵다는 판단이 들었다. 그래서 나는 해당 사안을 학폭 책임교사에게 문의했다. 담임교사가 도저히 화해를 시킬 수 없을 경우는 절차대로 대응하자. 이 사건은 학폭 책임교사가 개입하여 객관적인 조사와 판단을 통해 서로 사과하고 학교장 자체 종결로 마무리되었다.

담임교사의 중재로 해결하기 어려운 사안은 직접 대응하지 말고 학폭 책임교사의 도움을 받자.

학폭 관련자가 아닐 수 있다
선입견은 금물!

겨울 방학 중 어느 날 나는 업무 처리를 위해 학교에 갔다. 주차장에서 학폭 책임교사를 만났다.

"선생님, 오늘 3학년 아이가 학교 밖 사거리에서 4학년 아이한테 무차별 폭행을 당했다는 학교 폭력 신고가 접수되었어요. 그런데 때린 학생이 선생님 반 ○○동아리 활동을 하는 아이라는 것 같아요. 일단 누군지 모르니 확인하고 다시 연락드릴게요. CCTV자료를 갖고 관련 학생 엄마가 저녁 6시 30분에 온대요.”

시간을 확인하니 오후 1시였다. ○○동아리 활동을 하는 아이는 딱 한 명이었기 때문에 걱정되는 마음에 해당 아이 집에 전화를 했다.

“어머니, 안녕하세요? 혹시 오늘 명진이가 11시 정도에 ○○동아리 활동 참여하러 학교에 왔나요?”

“아니요, 오늘 그 시간에 집에 계속 있었는데요. 왜 그러세요?”

“3학년 아이가 주유소 앞 사거리에서 4학년 형에게 맞았다고 하는데, 4학년 1반 ○○동아리 형이라고 하는데 우리 반에 ○○동아리는 명진이밖에 없어서 전화드려 봤어요.”

“제가 지금 밖인데요. 바로 집에 가서 다시 한번 확인해 보고 선생님께 전화드릴게요.”

20분 후 전화가 왔다.

“선생님, 우리 애는 오늘 집에서만 있었어요. 그런데 3학년 아이는 왜 우리 애를 확정 지어서 말했는지 무척 불쾌하네요. 그리고 선생님도 전화하신 것은 우리 아이를 의심하신 것은 아닌가요? 저희가 3학년 그 아이를 무고죄로 신고해야 할 것 같아요. 아이 아빠가 퇴근하면 상의하겠지만 6시 30분에 CCTV 확인하고 연락 다시 주세요.”

분명히 부모는 자신의 아이를 신고한 3학년 아이에게 화가 난 것이다. 하지만 그 말을 들은 나는 ‘무고죄로 신고하겠다는 말’이 나를 향한 비난처럼 들려 몹시 당황스러웠다. 그때부터 가슴이 두근거렸다.

나는 CCTV를 보고 우리 반 아이인 것을 확인한 뒤에 전화했어야 했다. 자녀에 관계된 문제가 발생하면 대부분의 학부모들은 예민하게 반응할 수 있다.

학부모는 자녀가 하지 않은 일에 의심받으면 명예가 실추되었다는 것에 분개한다. 드라마 〈이토록 친밀한 배신자〉(2024)에서 오재원은 동료 형사에게 "증거의 공백을 추측으로 채우는 것"은 "아주 위험해 보인다"고 지적하며 "믿는 대로 보이는 것!"을 경계하라고 조언한다.

교사는 확실한 증거가 있을 때에만 학부모에게 연락해야 한다. 연락할 때 주의해야 할 점은 절대 교사의 판단이 들어간 말은 하지 않아야 한다. 정확히 입증된 사실만을 전달해야 한다.

'인성교육'으로 평화로운 학급을 만들자

❶ 예민한 관찰자가 되자

교사는 모든 감각을 열어 아이들의 일상을 관찰하고 갈등을
평화롭게 해결하도록 노력하자.

❷ 초기에 평화로운 해결에 힘쓰자

갈등이 일어났을 때 먼저 화난 감정을 공감해 주고 서로 진정성
있는 사과와 용서를 하게 하자.

❸ 지속적이고 맥락 있는 인성교육을 하자

아이들의 생활 속 갈등이나 문제가 발생할 때마다 그들의 삶 속
에서 수시로 인성교육을 하자.

❹ 사이버 공간은 학폭이 발생할 수 있는 또 하나의 교실이다

사이버 창구를 통해 불편했던 감정을 표현하고 있지 않은지
수시로 파악하고 예방교육을 하자.

❺ 사안이 복잡한 경우 학폭위에 신고하자

중재가 어렵고 자기 아이의 피해만 주장하는 학부모와는 직접적으
로 대응하지 말고 학폭 책임교사의 도움을 받자.

5장 ————————————————————————

평정심을 찾는 '마법의 주문'

평정심보다 좋은 것이 있다면
그대의 온 영혼으로 그것을 추구하라.

– 마르쿠스 아우렐리우스, 『명상록』(2018)

"저 오늘 또 폭발할 뻔했어요. 지난주까지 아이들에게 수행평가 보고서 제출하라고 했는데, 현수가 일주일이 지났는데 또 안 해온 거예요. 어제 따로 불러서 신신당부했는데 오늘 '으악! 깜빡했다!' 이러는 거예요. 너무 해맑게 말해서 어이가 없었어요. 수행평가라고 몇 번이나 말했는데 또 안 해온 거 있죠?"

"아이고, 말도 마. 나도 하루 종일 부글부글했어. 우리 반 민수는 1교시 쉬는 시간에 연주를 잡아당겨 다칠 뻔했어. 야단을 그렇게 맞고도 점심시간에 또 다른 애 물건을 집어던져 교실이 한바탕 난리가 났어."

"아이들은 아직 미성숙한 존재임을 인정하자." ♡

아이들은 왜 잘못된 행동을 반복할까?

아이들을 가르치다 보면 하루에도 몇 번씩 놀라고 마음이 복잡해질 때가 있다. 복도에서 전력 질주해서 혼을 냈는데 다음 쉬는 시간에 또다시 뛰고 있는 모습을 볼 때, 혼나기 싫어 뻔히 보이는 거짓말을 하는 아이를 볼 때, 가정통신 회신서와 수행평가 보고서 제출을 매번 안 하는 아이를 볼 때, 주변을 폭탄 맞은 것처럼 어질러놓고 사는 아이를 볼 때, 교사에게 버르장머리 없이 행동하는 아이를 볼 때, 교사의 한 마디 한 마디마다 말대꾸하고 버르장머리 없이 행동할 때, 사소한 모든 일에 시비를 걸어 매시간 싸움의 중심에 서 있는 아이를 볼 때 ……. 이럴 때마다 교사는 마음의 평화를 잃고 날카롭게 반응하기 쉽다.

하루 종일 화내다 보면 하루가 다 가고, 1년 내내, 어쩌면 교직생활 내내 분노를 다스리지 못해 쩔쩔매고 헤매는 교사로 끝날 수 있다. 교직은 인간 발달을 폭넓게 이해하는 인간관을 가져야 버틸 수 있는 직종이다.

가정에서 엄마가 행복해야 자녀도 행복한 아이가 된다. 학교에서도 마찬가지다. 교사가 평화롭고 행복해야 그 반 학생들도 정서적으로 안정되게 성장할 수 있다. 그런데 해야 할 일은 산더미처럼 쌓여 있고, 아이들은 많고, 문제 상황은 끊임없이 발생될 때 교사가 평정심을 유지하기는 쉽지 않다. 그렇다면 이토록 한계와 인내심을 실험하는 듯한 상황 속에서 교사가 평정심을 잘 유지하기 위해 어떻게 해야 할까?

'마법의 주문'을 외우자

2022년 세계적 베스트셀러가 된 책 『내가 틀릴 수도 있습니다』에서 린데블라드(Bjorn Natthiko Lindeblad)는 갈등과 분노에 휩싸일 때 마법의 주문을 세 번 외우라고 말했다. 갈등과 분노로 누군가와 맞서게 될 때 "내가 틀릴 수도 있습니다"라는 마법의 주문을 세 번만 되뇐다면 근심이 여름날 아침 풀밭에 맺힌 이슬처럼 사라질 거라고 했다.

교실에서 화가 머리끝까지 날 때 비욘이 했던 것처럼 마법의 주문을 외워보자.

"아이들은 아직 미성숙한 존재다."
"아이들은 아직 미성숙한 존재다."
"아이들은 아직 미성숙한 존재다."

'실수와 잘못을 하지 않아야 한다'는 높은 잣대 아래 아이의 잘잘못과 도덕성을 한탄하거나 화내기를 멈추고 조용히 이 마법의 주문을 되뇌이며 평정심을 찾아보자. 아이들은 아직 모든 면에서 어리고 미숙하며 더 배우고 성장해야 할 미완의 존재라는 전제하에 시작하자.

만약 아이들이 성숙하고 나무랄 데가 없다면 교사라는 직업도 존재할 이유가 없다.

'아이들이 미성숙하기 때문에 내가 필요한 거야'라고 새롭게 생각해 보자.

문제 상황이 없는 집단은
이 세상에 존재하지 않는다

혈연으로 맺어진 '가족'도 살다 보면 갈등이 생긴다. 교육을 많이 받은 성숙한 어른들이 모였을 때도 문제 상황은 시시때때로 발생한다. 마음의 수양과 정진이 일생의 과제인 종교인들도 다툰다는 소식을 종종 듣는다. 인간이 모인 곳 어느 집단이든 문제와 갈등은 존재한다.

하물며 아직은 미성숙한 '어린' 아이들 20여 명이 모인 초등학교 교실에서 크고 작은 다툼과 문제는 수시로 일어나는 것이 당연한 것 아니겠는가.

어느 토요일 오후, 성당 어린이 미사에 참여한 적이 있다. 미사 중에 아이들이 어찌나 떠들고 장난을 치는지 나이 지긋하고 한없이 인자한 수녀님은 노심초사 "쉿! 쉿!"거리며 다니셨다. 계속된 아이들의 장난과 소란을 막기 위해 장난꾸러기들을 쿡쿡 찌르며 진정시키느라 진땀을 흘리셨다. 수녀님의 동분서주 노력에도 아이들은 아랑곳하지 않았다. 결국, 신부님이 버럭 소리를 지르셨다.

"조용히 해! 더 이상 미사를 드릴 수가 없네!"

나는 웃음이 터지고 깊은 공감이 밀려왔다. 그렇다. 우리 초등교사들은 성직자도 참을 수 없는 아이들의 시끄러움과 미숙함을 매일매일 견디고 다루며 애쓰고 있다.

교실에서는 작은 불편함도 참지 못하고 빨리 해결해 달라는 아우성이 만연하고, 여기저기 폭죽 터지듯 연속적으로 다툼이 일어나기도 한다. 극단적으로 자기중심적 사고를 하는 어린 존재들끼리 상대방의 잘못을 고자질하고 내가 더 억울하다며 분을 참지 못해 소리친다.

초등학교 교실이 귀여운 동심이 싹트는 동화 속의 유토피아라고 상상하는 사람들은 매우 순진하고 현실을 모른다. 꾸미지 않은 날것 그대로의 인격들이 모여 원색적인 이기심을 드러내며 초보 사회인으로서 거칠게 문제들을 조율해 가는 모습들을 상상하는 것이 오히려 현실적이다.

여유를 갖고 의연해지자

교사는 매 차시 수업 진도를 나가야 하고, 담임 행정 업무는 물론이고 공문 처리와 개인별 학교 업무도 있다. 이러한 많은 업무들 속에서 아이들끼리 다투는 문제 상황이 발생하면 형사, 판사, 탐정, 심리 상담가로 활약하다가 흥분한 아이들을 다독이는 일까지 교사 혼자 감당해야 한다.

교실에서 늘 발생하는 이러한 문제 상황 자체를 교사의 무능력이나 일거리, 평온을 깨는 자극으로 여기지 말자. 아이들이 만들어내는 불협화음이나 다듬어지지 않은 행동에 여유를 갖고 의연하기 바란다. '아이들이 어려서 당연한 일이야'라고 생각하자.

인간의 다양성을 인정하자

교사들의 장점이자 단점은 학창 시절에 대체로 '모범생' 소리를 듣고 자랐다는 것이다. 교사들은 성실하고 약속을 잘 지키며 규범을 중요시한다. 이 '범생이들'의 눈에, 잘못을 저지르거나 저지르고도 태평한 아이들, 반성하지 않는 아이들, 같은 잘못을 계속 반복하는 아이들의 '다양한' 모습은 이해하기 어렵다. 스스로 경험해 보지 못한 교사에게 이러한 일은 공감할 수 없는 한계로 작용할 수 있다.

넓은 시각으로 한 명 한 명 다른 인간의 다양성을 인정하자. 아이들이 미성숙한 존재이므로 더 기다려주고 더 참아주고 더 다독이고 가르쳐서 발전하게 해주자. 교사는 완성돼서 빛나는 그릇의 감상자가 아니다. 엉성하고 투박한 그릇을 다듬고 다듬어서 완전한 그릇으로 만드는 장인이어야 한다. 빛나는 다이아몬드도 처음에는 투박한 돌덩이였다. 교사는 원석을 가다듬어 보석을 만드는 세공사가 되어야 한다.

이러한 노력의 과정이 '교육'이며 이러한 마음을 바탕에 품을 때 교사는 스스로 평온해지고 아이들을 더 너그러운 시선으로 보며 성장시킬 수 있다.

아이들이 어른보다 나은 점이 있다

아이들은 감정 조절도 못 하고 인격도 성숙하지 않아 교사를 힘들게 하지만, 어른보다 월등한 특징이 있다. 그것은 바로 아이들의 마음이 어른에 비해 훨씬 순수하고 유연하다는 것이다. 잘못을 알려주면 말랑한 마음으로 금방 인정하고 상대방에게 용서를 구하고 화해도 잘한다. 상대방의 사과를 받으면 계산적으로 자존심을 저울질하지 않고 마음에 응어리를 순식간에 푼다. 싸움도 쉽고 용서도 쉽다. 물어뜯을 듯 싸우다가도 화해하고 친형제처럼 붙어서 웃으며 어깨동무하고 집에 간다.

어른의 눈으로 보면 어리둥절하다. 그 순수함에 탄복하기도 한다. 쉽게 용서하는 것을 보며 어른인 내가 배우기도 한다.

친구들이 저를 끼워주지 않아요!

2학년 윤희가 쉬는 시간에 친구들과 보드게임을 하다가 교사에게 씩씩거리면서 말했다.

"선생님, 보드게임은 같이하는 거 아니에요? 그런데 친구들이 저는 끼워주지 않아요."

상황을 알아보기 위해 같이 게임을 했던 학생들을 불러서 물어보았다. 윤희는 게임이 시작되고 나서 자기도 하겠다고 끼어든 것이다. 교사는 "윤희야, 보드게임은 같이 하는 게 맞지만 게임이 시작되고 나서는 그 판이 끝날 때까지는 기다리는 게 규칙이야"라고 이야기해 줬다. 그래도 화가 풀리지 않는지 붉으락푸르락한 표정과 태도로 교사의 말을 수용하지 않았다. "그래도요, 저도 하고 싶어요!" 하며 교사에게 대들었다.

윤희의 불손한 태도에 화가 났다. 마법의 주문을 외웠다.

'애들은 미성숙한 존재야.'

마음이 조금 가라앉았다. 한 호흡이 가라앉자 교사는 윤희가 아이들과 빨리 놀고 싶다는 마음만 앞서 원만하게 게임에 참여하는 방법을 모를 수도 있겠구나 하고 이해하는 마음이 들었다. 교사는 윤희에게 놀이 규칙을 다시 되짚어 주었다.

"너도 속상하지? 그렇지만, 게임이 시작되었는데 널 끼워주지 않는다고 화를 내는 것은 옳지 않아. 네가 기다렸다가 다음 순서에 참여해야지. 그리고, 네가 화난다고 해서 선생님에게 그 화를 쏟아내면 안 되지. 선생님에게 도움을 요청하고 싶으면 예의를 갖추고 공손하게 말하렴."

그제야 윤희의 사나웠던 표정을 풀며 고개를 끄덕였다. 마법의 주문은 교사의 불같은 마음을 식히는 시원한 아이스커피가 된다. 오늘도 나는 마법의 주문을 외며 교실 문을 연다. 나 스스로와 아이들을 위해.

평정심을 찾는 '마법의 주문'을 외우자

❶ **아이들이 아직 어리다는 것을 인정하고 마법의 주문을 외우자**

'아이들은 아직 미성숙한 존재다'라는 주문을 외우자.

❷ **아이들은 다양한 존재임을 인정하자**

아이들 모두가 모범생이 되길 바라지 말자. 일찍 피는 꽃도 있고, 늦게 피는 꽃도 있다. 아이들 각각의 성장 속도에 눈높이를 맞추자.

❸ **입으로 화를 내뱉는 행동은 절대로 하지 말자**

교사의 입에서 나온 모든 말은 화살이 되어 교사 자신에게 돌아온다.

❹ **아이나 교사가 감정이 가라앉을 때까지 기다리는 시간을 갖자**

조급하게 해결하려 하면 문제의 본질을 놓치고 감정만 드러나는 상황으로 치닫는다.

❺ **이 세상에 '문제 상황'이 없는 집단은 존재하지 않는다**

어느 반에서나 있을 수 있는 일이다. 같은 학년 선배 교사, 관리자와 상의해 바람직한 교육 방법을 찾아보자.

6장 ————————————————————————

'교실 속 금쪽이'와 더불어 살아가기

도움이 될 만한 사람과 그 일을 함께 하라.
누군가와 함께 하면 혼자 하는 것보다 효과적이고
포기하지 않는다.

– 윌리엄 메닝거, 『당신은 성공할 타입인가 실패할 타입인가』(1992)

수업을 할 수가 없어요

"우리 반에 수업 시간 내내 자를 탁탁거리며 이상한 소리를 자꾸 내는 아이가 있어요. 수업을 도저히 할 수가 없어요. 하지 말라고 주의 주면 그때뿐이고, 또 소리를 계속 내고…… 반 아이들은 아이들대로 쟤 좀 말려달라고 아우성이고……."

"작년 우리 반에도 그런 애가 있었어요. 수행평가 한 문제 틀렸다고 시험지를 빨간색으로 다 칠해버리고, 친구가 떨어뜨린 사인펜을 일부러 발로 짓이겨서 교실 마룻바닥에 얼룩이 가득했어요. 그래놓고는 사인펜 떨어뜨린 애가 잘못이라고 우기더니 자기는 아무 잘못이 없다고 고래고래 소리 지르고는 가방 갖고 집으로 간다고 나갔어요.”

“우리 반 진수는 앞에 가던 친구를 계단에서 밀고는 ‘왜 그랬냐’고 하니까 ‘안 다쳤으면 됐잖아요!’라며 눈을 부라리며 대들어서 말문이 막혔어요.”

“우리 반 수진이는 보건실에 매일 출근 도장을 찍어요. 어제는 머리가 아프다, 오늘은 배가 아프다. 보건 선생님도 몸이 아파서 오는 건 아니라고 하시네요.”

“저희 반엔 ADHD 약을 먹는 아이가 수업 시간에 이유 없이 뛰쳐나가 4차선 도로로 뛰어들었어요. 그 애를 잡으려고 있는 힘껏 달려서 아이를 잡고 교문을 들어서는 순간 다리에 맥이 풀리고 ‘이러다가 내가 죽겠구나!’ 생각했어요. 제가 살려면 안 되겠다 싶어서 교무실에 가서 다음 학기부터 휴직에 들어가겠다고 말하면서 엉엉 울었어요.”

“‘교실 속 금쪽이’와 더불어 살아가자.”

교실 속의 금쪽이를 적응시키지 못하면 한 해 농사는 엉망이 되고 교사의 깨알 같은 노력은 헛수고가 된다. 이것은 경험이 많은 교사도 해결하기 어려운 문제이나 외면할 수도 없는 과제다.

우리 이웃에 다양한 사람들이 살고 있듯이 교실에도 당연히 다양한 아이들이 존재한다. 공부 시간에 돌아다니는 아이, 말을 한 마디도 하지 않는 아이, 교사의 말꼬리를 잡고 대들거나 논쟁을 하려는 아이, 계속 이상한 소리를 내는 아이, 수업 중 엉뚱한 행동을 지속적으로 하고도 그게 잘못임을 인정하지 않는 아이, 과제나 해야 할 일을 절대로 하지 않는 아이, 하루 종일 엎드려 있거나 보건실에 들락날락하는 우울한 아이, 친구들과 어울릴 때마다 싸움을 일으키는 아이, 자기 뜻대로 안 될 때 물건을 던지거나 주먹을 휘두르는 폭력적인 아이 등. 이 아이들은 특수 아동과 일반 아동 그 경계선에 있다. 보통의 아이들보다 충동성이 강하고 화를 참지 못하거나 무기력하고 우울하다. 이 아이들은 학급에서 조화를 이루지 못하고 사소한 문제를 끊임없이 일으킨다. 이 아이들을 교사는 어떻게 지도해야 할까?

아이의 행동을 관찰·기록해 객관적 근거 자료를 마련하자

아이의 행동을 관찰한 뒤 시간, 장소를 포함해서 객관적이고 구체적으로 기록하자. 기록에는 교사의 주관적 느낌을 쓰지 말고 아이의 행동을 관찰한 대로 사실적으로 쓴다. 이때 교사의 교육적 지도 내용을 꼭 덧붙이도록 한다.

| 객관적이고 구체적인 기록하기 |

잘못된 기록	올바른 기록
부정적이고 예의가 없다 →	3교시, 창체 친구 사랑의 날 행사에 교사가 "친구들에게 칭찬이나 사과의 편지를 한 통씩 쓰는 활동을 하자"라고 말하자 "그딴 걸 왜 써요? 쓰기 싫어요!"라고 소리 지름. 소리 지르는 것에 주의를 주고 손을 들어 차분하게 말하도록 지도함.

부적응, 우울이 보인다.	→	1, 3, 4교시 "머리 아프다. 배 아프다. 손가락이 아프다"고 보건실로 내려감. 아프다고 무조건 보건실부터 가지 말고 참아볼 것을 권함.
폭력적이고 충동적이다.	→	2교시 쉬는 시간에 친구가 자기 가방 고리를 건드렸다고 화를 내며 친구에게 필통을 집어던지고 의자를 걷어참. 교실에서 폭력적인 행동은 절대로 안 된다고 강력하게 주의를 줌.
매우 산만하다.	→	3교시 수업 시간에 일어나 휴지를 버리고 연필을 깎고 화장실을 갔다 오고 물을 마시러 복도로 나감. 허리를 반쯤 돌려 뒷자리 아이에게 계속 말을 걸. 한쪽 다리를 밖으로 빼고 엉덩이를 의자 끝에 걸치고 삐딱하게 앉아 있음. 화장실은 쉬는 시간에 미리 갔다 올 것을 이야기하고 수업 시간에 다른 사람에게 방해가 되는 행동은 하지 말 것을 지도함.

아이에 대한 따뜻한 마음을 갖고 관찰 결과를 바탕으로 학부모와 상담하자

상담의 출발점은 아이에 대한 진심 어린 걱정과 함께 이 문제 상황을 함께 헤쳐나가자는 본질적이고 따뜻한 마음으로 출발해야 한다. 교육의 동반자로서 학부모와 함께 아이의 어려움에 대해 논의하자. 그럴 때 대부분 학부모는 숨기고 싶고 때로는 자신도 감당하지 못해 힘들었던 속마음을 털어놓는다. 그 순간, 교사와 학부모는 아이의 문제 행동을 바로잡아 가는 한 팀이 될 수 있다. 관찰한 기록물과 모아둔 자료들을 상담 시 제시하면 학부모님은 백 마디 말보다 더 빨리 상황을 이해한다.

일부 학부모는 "우리 아이가 그럴 리가 없다. 전 학년 담임선생님한테 들어본 적이 없다. 선생님이 우리 아이를 너무 부정적으로 보는 것 같다"라며 방어하고 교사를 공격하기도 한다. 이런 학부모를

만날 때 객관적인 관찰 기록은 교사의 말을 더욱더 지지하는 근거
자료가 된다. 귀찮고 할 일이 많아도 금쪽이에 관한 기록은 놓치지
말고 NEIS 행동특성 누가기록에 기록하자. 개인 장부는 법적 근거
로 효력이 약하거나 분실 위험도 있다. 누가기록을 할 때는 문제 행
동 위주로 쓰기 쉽다. 행동 개선이 된 것도 NEIS에 기록해 두고 학
부모와 상담할 때 구체적으로 칭찬해 주자.

금쪽이가 개선해야 할 구체적 행동 목표를 정하고 강화하자

교실에서 금쪽이들의 행동을 관찰하다 보면 교사에게 이런 의문이
생긴다.

"왜 저런 말과 행동을 할까?"

교사는 객관적인 입장에서 아이들을 이해하고 판단하고자 노력한
다. 그러나 금쪽이에게는 뚜렷한 자기만의 '주관적 세계'가 있다.
금쪽이의 '주관적 세계'는 왜 형성되었을까? 아이들이 자라온 환경
과 경험, 태생적인 면, 기질 등 개인에게 영향을 준 바는 각기 다르
고, 그로 인해 자신도 모르는 자신만의 세계가 견고히 세워졌을 것
이다. 금쪽이의 행동에는 금쪽이 본인도 모르는 무의식적인 동기가
있다고 한다. 교사는 아이가 가진 주관적 세계를 이해할 수 없으나
그 독특한 주관적 세계를 가지게 된 것이 아이의 잘못이 아니라는
것을 의식적으로 인지해야 한다. 교사는 아이의 상황을 인정하고
수용하면서 아이 행동이 건강한 방법으로 변화할 수 있도록 도와주
어야 한다.

| 문제 행동 개선하는 실제 단계적 방법 |

문제 행동	행동 목표	개선 단계
소리 지르고 물건을 집어 던지는 행동	화난 마음을 차분하게 표현하기	① 심호흡을 하게 한다. ② 사실 ➔ 나의 마음 상태 ➔ '바람' 순으로 말하게 한다. ③ 감정이 가라앉고 수정된 행동을 한 것을 교사는 구체적으로 칭찬한다.
수업 중 산만하게 돌아다니는 행동	수업 중 가만히 앉아 있기	① 돌아다니고 싶은 마음이 들 때 손을 들고 도움을 요청한다. ② 교사와 함께 목표를 상기하며 목표에 집중하고 지금 해야 할 일을 스스로 말하게 한다. ③ 돌아다니지 않고 지금 해야 할 일을 했을 때 수정된 행동을 한 것을 교사는 구체적으로 칭찬한다.

문제 행동은 하루아침에 달라지지 않는다. 매일 조금씩 나아지는 모습을 기대하며 행동 수정을 해나가자. 궁극적으로 행동 수정의 목표는 아이가 소속감을 갖도록 하는 데 두어야 한다. 소속감은 인간 존재 가치의 중요성을 느끼게 하는 것이고 사회적 존재로서 의미이다.

아들러 이론을 교육 현장에 적용한 개인심리학자이자 의사인 드라이커스(Rudolf Dreikurs)는 『아들러와 함께하는 행복한 교실 만들기』(2013)에서 문제 행동을 보이는 아이가 자신이 '가치 있는 인물'이라는 생각을 가지고 합리적인 협력을 배워나가도록 이끌라고 했다. 문제 행동은 그 집단에 소속감을 갖지 못하는 사람이 하는 것이므로, 그 집단 내에서 가치와 믿음을 인정받으면 정상적으로 행동할 것이라고 인간에 대한 믿음을 설파했다.

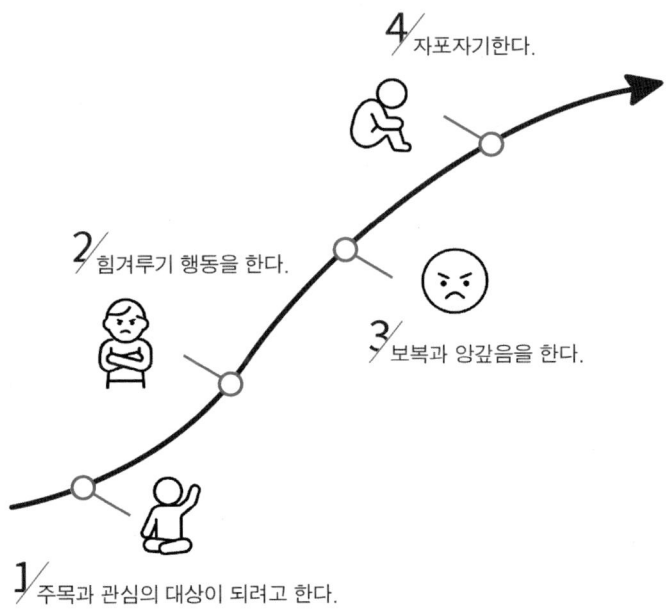

| 드라이커스, 문제 행동 4단계 |

4／ 자포자기한다.

2／ 힘겨루기 행동을 한다.

3／ 보복과 앙갚음을 한다.

1／ 주목과 관심의 대상이 되려고 한다.

1단계, 주목·관심의 대상이 되려고 한다

보통 초등학교 교실에서의 문제 행동은 1단계가 가장 흔하다. 욕을 배워와서 친구들의 주의를 끌거나 수업 중 돌아다닌다. 산만한 아이도 인정받고 자신을 알아주기를 바라는 마음이 있어서 지적을 받아도 잘못된 행동을 반복한다. 어떤 아이는 공부 시간이 시작되면 손을 들고 화장실에 가겠다고 주의를 끌고 화장실에 갔다가 앞문으로 들어와 다시 수업을 방해한다. 이러한 행동은 교사와 친구들의 주목을 끌고 싶기 때문이므로 문제 행동에 반응하지 말고 무시해야 한다. 이 학생이 바른 행동을 할 때 칭찬과 격려를 해주어야 한다.

2단계, 힘겨루기 행동을 한다

이것은 '나를 존중하지 않는 것 같은 사람'에게 대항하기 위함이다. 보통 고집불통이거나 비협조적인 태도를 보인다. 이때 교사는 어떻게 하는 것이 좋을까? 드라이커스는 힘겨루기 하는 아이를 만나면 져주라고 한다. 일단 져주면 협조적으로 바뀐다. "네 인생인데 내가 필요 이상으로 간섭했구나"라고 말하며 아이를 이기려는 태도를 내려놓고 힘을 빼라. 힘겨루기가 지속되면 교사도 지친다. 강박이 심한 아이의 경우는 교사에게 폭력을 행사하기도 한다. 이때 학부모는 "선생님 만나서 우리 애가 틱이 생겼어요. 선생님이 너무 무섭대요. 아침마다 학교 가기 싫다고 얘기해요" 하고 교사를 공격하거나 아이의 문제 행동을 오히려 교사의 무능력 탓으로 돌리기도 한다. 그러므로 아이에게 일단 져주면서 문제 해결을 위한 시간적 여유를 갖자. 아이의 마음이 가라앉았을 때 어른답고 단호한 한마디로 충고를 하자.

3단계, 보복과 앙갚음을 한다

이것은 소극적으로 상대방을 실패하게 함으로써 보복하고 앙갚음하는 행동이다. 때때로 묵비권을 행사하거나 교사나 친구들이 간절히 바라는 것을 실패하게 하는 것이 목적일 때가 있다. 마치 노동 현장에서 설렁설렁 일하거나 불량품을 의도적으로 만드는 태업과 유사하다. 이때 교사는 교사와 친구들이 아이에 대해 긍정적으로 생각하고 있음을 설득하여 관계 형성에 신경을 써야 한다. 이 단계에서 교사 혼자 이 아이를 감당하며 지도하기는 너무 어려우므로 학부모의 적극적인 협조를 구해야 한다.

4단계, 자포자기한다

4단계에는 전문가가 나서야 한다. 아이는 낙담하고 좌절한 상태로 전혀 희망도 에너지도 없는 모습을 보인다. 교사는 객관적이고 사실적인 자료를 갖고 학부모에게 연락하자. 또 관리자와 협의해서 위기관리위원회에 안건을 올려 협의해야 한다. 위기관리위원회의 협의에 따라 교육청과 연계된 지역상담센터나 위센터 등과의 상담을 지원해줄 수 있다. 중요한 것은 교실에서 담임교사가 아이를 격려하고 빨리 전문가의 상담을 받게 하는 것이다.

인간적·현실적 한계를 인정하자

부적응 아이들이 학급 구성원으로서 소속감을 갖게 하기 위해서는 교사의 인내심과 관대함이 필요하다.

그러나 교사 또한 한계가 있는 인간이기에 문제 행동이 계속 반복되고 아이가 교사에게 폭력을 휘두르거나, 훈육을 무시하고 왜곡하는 학부모가 있으면 깊은 좌절감과 무력함에 빠져 지친다. 다 그만두고 싶은 날도 있다. 그뿐만 아니라 수업도 해야 하고 크고 작은 다툼도 중재하며 금쪽이 외 여러 아이들의 감정과 안전을 돌봐야 한다. 금쪽이에게 몰입하다 보면 다른 아이들에게 소홀하게 되어 의도치 않게 역차별이 이루어진다. 쏟아지는 공문과 행정 업무를 처리하며 한 아이에게 집중해 꾸준히 이 단계들을 적용하기는 현실적으로 시간이 부족하다. 아무리 경력이 많고 학급 운영 기술이 뛰어나며 친절하고 단호함을 겸비한 교사라도 어렵다. 교사는 자신의 역량 부족이라고 탓하지 말자. 객관적으로 한계 상황임을 인지하고 다양한 경로로 지원을 받도록 하자.

위기 학생은 위기관리위원회에 지원을 요청하자

당차고 문제해결력이 있는 교사의 사례를 살펴보자. 어느 해 이 교사는 폭력적인 금쪽이를 맡았다. 3월이 지나자 교사가 할 수 있는 일에 한계가 있음을 깨달았다. 훈육하는 교사 앞에서 교과서를 찢고 혼잣말로 욕을 하던 아이가 실내화 주머니로 앞에 가던 짝의 머리를 때리는 등 폭력성이 더 심해지자 교무실로 내려가 관리자에게 "혼자 할 수 없다"고 지원을 요청했다. 교감선생님은 교사의 교육권과 학생들의 수업권이 심각하게 무너지고 있음을 인지하고 수업 참관과 해당 학생 상담을 했다. 관리자는 직접 학부모 면담도 했다. 학부모 상담 결과 7세부터 ADHD을 복용하다가 2학년이 되면서 최근에 중단했다는 사실을 알게 되었다. 다시 전문가 치료를 받아야 하고 약 복용뿐만 아니라 사회성 놀이치료도 병행해야 한다고 학부모에게 요청했다. 생계에 급급한 학부모는 다시 정신과 약만

먹었다. 아동 심리치료를 받아야 했지만 경제적으로 감당할 수 없었던 것이다. 담임은 학교 위기관리위원회에 회의를 요청했다. 위기관리위원회에서는 상담 치료가 시급하다는 결론을 내렸다. 교육청에서는 상담교사 파견을 지원했다. 그 후 상담사가 주 2회 학교를 방문하여 아이의 심리치료를 도왔다. 심리 치료를 병행하자, 아이는 조금씩 안정을 찾았고 그 교사도 무사히 한 해를 마무리할 수 있었다.

전문가의 도움을 받도록 안내하자

아이들이 정서적인 문제에 대한 치료 시기를 놓치지 않고 전문가의 도움을 받을 수 있도록 안내하는 것은 중요하다. 물론 교사로서 학부모에게 말하기가 쉽지는 않다. NEIS 행동특성 누가기록에 근거해 사실을 객관적으로 전달하며 조심스럽게 말해보자.

"제 아이라면 전문가에게 상담을 받을 것 같아요."

학부모가 적극적 도움을 받는 것에 동의하면 교육청 위(wee)센터에 도움을 요청해 보자고 하거나 사설 소아정신과나 상담센터 등도 안내해 준다.

학부모가 소극적이거나 오히려 화를 내며 거부하는 경우에도 당황하거나 포기하지 말고 꾸준히 협조를 구하자. 물론 객관적인 자료를 갖고 상담해도 학부모가 움직이지 않을 때 교사는 힘이 빠진다. 상담 전화를 하고 싶지도 않다. 그러나 학부모가 아이를 방치한다고 담임교사도 포기하면 금쪽이뿐 아니라 다른 아이들의 학교생활 전반에도 부정적인 영향을 1년 내내 미쳐, 교사는 어떤 교육적 목표도 이룰 수 없다.

교실 속 금쪽이를 위한 인프라 구축과 학부모 책임이 뒷받침되어야 한다

현행법상 학부모 동의 없이 교실 속 금쪽이를 전문 기관에 의뢰해 치료나 상담을 받게 할 수 없다. 교사가 큰 용기를 내어 한 조언에 대해 학부모가 수용하고 협조하지 않으면 해결 방안이 없는 것이 현실이다.

문제를 일으키는 학생의 행동에 대해 학부모가 책임을 지도록 제도화할 필요가 있다. 아이가 집단 속에서 수업을 방해하거나 교권을 침해하는 행동을 반복할 경우, 학교가 이를 공식적으로 통지하면 부모가 책임 있는 자세로 자녀의 문제 행동을 바로잡고자 노력하면서 학교에 보내는 것이 의무가 되어야 한다. 이러한 방향에 대한 사회적 공감은 형성되어 있으므로, 해외 각국의 관련 법령을 참고해 부모의 책임을 강화하는 법적 제도 마련이 시급하다.

교육은 교사 혼자서 감당할 수 있는 일이 아니다. 학부모와 학교가 손을 맞잡고 함께 나아갈 때, 함께 책임질 때 비로소 그 힘을 발휘할 수 있다.

최근 교육청에서는 교육권과 수업권에 대한 해결 방안으로 학생생활규정 수립 가이드라인을 제시하고 있다. 이에 따라 단위 학교마다 수업권을 지키기 위한 학생생활규정을 고심하여 구체적으로 수립했다. 이 규정은 3단계에 걸친 분리 조치이며, 마지막 단계에서는 수업 방해 학생을 교실 밖 공간으로 분리시킬 수 있다. 그러나 현실에서는 아이가 주의 조치에도 아랑곳하지 않고 규정을 무시하는 경우도 있다. 교실 밖 공간으로 분리해야 하는 3단계는 다른 인력도 필요하다. 대부분의 학교에는 분리된 아이를 맡아 보호하고 교육할 별도의 장소나 인력이 없다. 이미 교직원들은 각자 본연의 업무로 과중한 상황이기에 기존 인력으로 금쪽이를 일관성 있고 전문성 있게 지도하는 것은 불가능에 가깝다. 물리적 분리에만 초점을 맞춘 지금의 규정은 학교 현장의 실정을 모르는 탁상공론일 뿐이다. 이러한 일시적 분리는 금쪽이에게도 담임교사에게도 큰 도움이 안 된다.

학생생활규정만으로 교사의 교육권과 아동의 학습권을 온전히 보장하기는 어렵다. 교실 속 금쪽이를 위한 전문 인력 배치, 별도의 분리 공간 확보 등 실질적 인프라 구축이 뒷받침되어야 한다. 이를 위해서는 예산 확보가 필수적이며, 예산을 통한 현실적 인프라 구축이 전제되었을 때 학생생활규정은 교육적 효과를 거둘 수 있을 것이다.

금쪽이로 인해 마음이 무너지고 출근이 두려워진다면 병가를 내고 스스로를 돌보자

퇴근 시간이 훌쩍 지난 시간이었다. 복도는 칠흑 같은 어둠이 깔려 있었다. 휴대전화 전등을 켜고 서둘러 계단을 내려왔다. 중앙현관

에서 우리 학교 고학년 선생님을 만났다. "왜 이리 늦었어요?"라고 내가 묻자,

"아, 선생님. 오늘 우리 반 도훈이가 커터칼을 들고 난동을 부렸어요. 그래서 사안 기록을 하느라고 늦었어요."

수심이 가득한 눈으로 힘없이 말하는 선생님의 손이 벌벌 떨렸다. 호흡도 불안정했다. 그 선생님을 댁까지 모셔다드리고 교감선생님께 상황을 알렸다. 곧바로 교감선생님은 선생님께 쉴 것을 권유했다. 수업을 도저히 할 수 없던 도훈이 담임은 일주일 병가에 들어갔고, 도훈이의 학부모는 아이를 병원에 데리고 가서 상담 치료와 약물 치료를 병행했다. 일주일 후 교사와 아이 모두 안정을 되찾았고 학년을 잘 마무리할 수 있었다.

내 사정은 내가 제일 잘 아는 법이다. 금쪽이로 인해 너무 힘들고 우울해서 밥도 넘어가지 않고 한숨만 쉬는 나날이 계속되면 조퇴와 병가를 통해 회복할 시간을 갖기 바란다. 교사노조에 가입하여 법률 지원과 정신적 지원 등을 적극적으로 문의해 도움을 받는 것도 권한다. 교사의 몸과 마음이 건강해야 아이들을 웃으면서 가르칠 수 있기 때문이다.

'교실 속 금쪽이'와 더불어 살아가 보자

❶ 구체적인 내용을 체계적으로 기록·보관하자

증거물이 될 만한 학습 결과물이나 사진 자료도 첨부해 모아 놓으면
더 좋다.

**❷ 아이에 대해 따뜻한 마음을 갖고 NEIS 행동특성 누가기록를
바탕으로 학부모와 상담하자**

학부모를 교육의 동반자로 생각하고 한 팀이 되어 아이들을 교육하자.

❸ 금쪽이가 개선해야 할 구체적 행동 목표를 정하고 강화하자

감정을 받아주고 해야 할 바람직한 행동을 구체적으로 지시한 뒤
꾸준히 훈련시키자.

❹ 위기관리위원회에 회의를 요청하자

교사 혼자 속끓이며 포기하거나 좌절하지 말고 동료 교사와 관리자의
도움을 받고, 위기관리위원회 회의를 요청해 학생 지원을 협의하자.

❺ 기관이나 전문가에게 도움을 적극적으로 요청하자

교사는 정서적 어려움을 겪는 아이를 진단하고 치료할 수 있는 전문가
가 아니다. 마음이 아픈 아이는 전문가에게 맡기자.

**❻ 교사도 힘들면 병가도 내고, 전문가의 상담도 받고, 노조의
도움도 반드시 받자**

교사의 몸과 마음이 건강해야 아이들에게 건강한 에너지를
주면서 웃으며 가르칠 수 있다.

3부

시스템, 저절로
굴러가는 학급 운영

7장

'함께 만든 규칙'으로 애쓰지 않는 교실

훌륭한 '학습'에는 두 가지 조건이 따라야 한다.
하나는 본질을 바탕으로 한 시스템이 있어야 한다는 것이고,
다른 하나는 그것을 단순한 동작으로 실행할 수 있어야 한다는 것이다.

– 아사다 스구루, 『한 줄 정리의 힘』(2019)

"선생님, 너무 시끄러워서 요즘 수업을 할 수 없어요. 아이들은 자기들끼리 떠들고 제 말을 잘 듣지 않아서 너무 힘이 들어요. 제가 목소리를 크게 하면 애들은 덩달아 목소리를 더 크게 해 떠들어요. 활동을 많이 하는 수업은 아수라장이 될 때도 있고……. 통제가 어려우니 어떨 땐 출근하는 게 겁이 나요."

"친절과 열정만 갖곤 안 돼."

"소리만 질러도 아동학대라고 고발당하는 세상인데 도대체 아이들을 어떻게 통제할 수 있을까요?"

"'시스템으로 움직이는 교실'을 만들자."

사람이 모이는 곳은 두 사람만 있어도 규칙이 필요하다

새 학년이 되어 새 학급을 만나면 선생님과 학생들이 제일 먼저 해야 할 일은 학급의 규칙을 만드는 일이다. 학급 아이들끼리 합의하여 만든 '시스템'에 의해 학급이 저절로 돌아가게 하는 것이 중요하다. 두 사람만 있어도 규칙이 필요하다. 요즘처럼 교권이 바닥을 치고 있는 현실에서 교실 붕괴를 막기 위해 '합의된 규칙을 세우는 일'은 학기 초 필수 과제다.

이상주의자나 이론가들은 오직 '사랑'으로 학급을 운영해야 한다고 말한다. 그러나 그들이 교실에 딱 한 시간만 있어 보면 온몸으로 느낄 수 있을 것이다. 이상과 현실이 다르다는 것을.

타인과 조화를 이루며 사는 것을 가르치자

교실은 아이들이 세상으로 나가기 전에 처음 만나는 작은 세상이다. 이곳은 규칙과 질서의 중요성을 알고 지키는 훈련의 장소가 되어야 한다. '학급'이라는 처음 만나는 사회 안에서 함께 어울릴 수 있는 사회성을 키우는 것이 중요하다. 사회성을 키운다는 것이 무엇인가? 해야 할 일과 하지 말아야 할 일을 알고 타인과 조화를 이루며 사는 것을 배우는 것이다.

나는 아이들에게 우리가 함께 학교생활 하는 것은 오케스트라 연주와 같다고 말한다. 오케스트라에서 가장 중요한 것은 한 사람의 뛰어난 독주가 아니라 '하모니'다. 하모니, 이것이 바로 사회성이다.

간단한 학급 규칙을 세우자

규칙은 간단해야 한다. 간단해야 기억하기 좋고 지키기도 쉽다. 아이들과 학교생활을 잘하기 위해 함께 지킬 일 두세 가지만 정한다.

3월 첫 주 아이들과 규칙을 정해보자. 아이들에게서 나온 언어로 스스로 정하게 하자. 학교생활의 뼈대는 수업 시간과 친구 관계다. 두 분야에서 꼭 지켜야 할 규칙에 대해 아이들의 생각을 모아보자.

학급 규칙 정하는 과정을 살펴보자

먼저, 교사는 아이들에게 '수업 시간'과 '친구 관계'에서 함께 꼭 지켰으면 하는 것을 각자 써서 칠판에 붙이라고 한다. 비슷한 내용끼리 유목화한다. 최종적인 규칙 문구는 아이들이 직접 만들고 다듬고 결정하게 한다.

| '학급 규칙' 생각 모으기 |

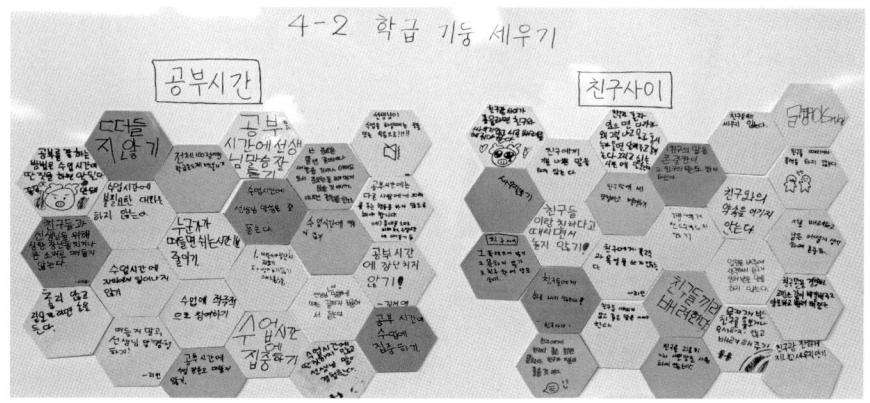

〈공부 시간〉에서는 가장 많이 나온 의견을 '공부 시간에는 발표권을 얻고 말하자'라는 하나의 문장으로 정리했다. 〈친구 사이〉에서는 '친구에게 상처 주는 말을 하지 말자'라는 규칙을 정했다.

| 아이들이 스스로 정한 규칙 |

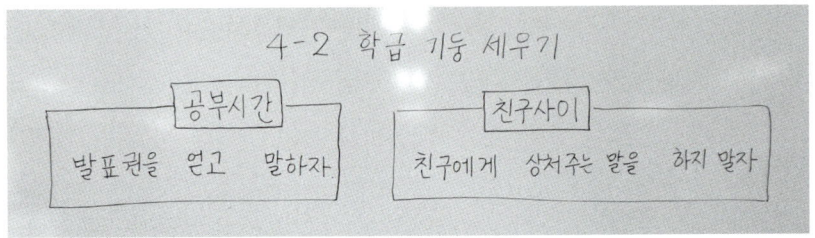

규칙을 인지하고 기억하게 하자

학기 초에는 정해진 규칙을 아이들이 명확히 인지하고 기억하도록 매일 규칙을 낭독하는 과정이 필요하다. 3월 한 달만큼은 아무리 바빠도 규칙을 상기시키며 함께 정한 약속을 존중하는 분위기를 조성하자. 교실 앞 게시판에도 크게 규칙을 써 붙여놓고 기억하며 실천하게 하자.

학급 회의를 통해 생활 속에서 필요한 약속을 수시로 정하자

두 가지 약속을 학급 규칙의 기둥으로 세운 뒤, 생활하면서 필요한 약속들은 학급 회의를 통해 추가로 정했다. 우리 반 아이들은 한 달

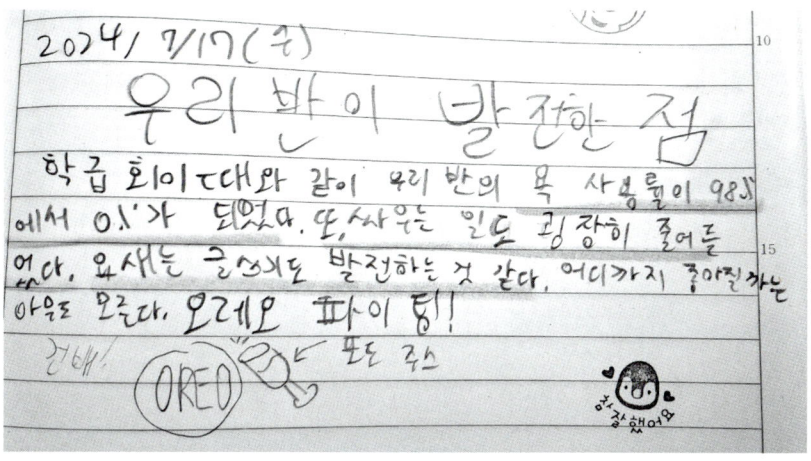

정도 생활하다가 '친구에게 상처 주는 말을 하지 말자'를 좀 더 잘 실천하기 위해 '서로 높임말을 쓰자'는 약속을 정하고 1년 동안 꾸준히 실행했다. 또, 욕을 많이 하는 문제 상황이 있던 해에는 '욕을 하지 말자'라는 하위 규칙을 정하고 실천해 욕의 뿌리를 뽑았다. 두 달 정도 지나자 아이들은 욕 사용률이 98.5%에서 0.1%가 되었다고 인정하며 좋아했다.

규칙에 대한 피드백을 꾸준히 하자

정해진 규칙을 잘 지켰을 때와 지켜지지 않을 때 피드백을 해야 한다. 상벌제에 대한 많은 논란이 있어서 과도한 상벌제는 지양해야 하지만, 적절한 격려와 칭찬, 책임을 지는 페널티는 학급이라는 작은 사회를 운영하는 데 없어서는 안 될 필수 요소이다. 인간은 동기 없이 움직이지 않는다. '모든 학생의 평등한 인권과 행복'이라는 이상적 명분 아래 보상도 페널티도 없이 6학년을 담임했던 해에 아이들은 수시로 나에게 질문했다.

"우리가 이걸 왜 해야 해요?"
"이거 하면 뭐가 좋아요?"
"안 하면 안 돼요?"

아이들은 당장 혼나거나 칭찬을 받는 피드백이 있는 학원 숙제에 더 신경을 쓰고 학교의 활동이나 과제에 대해서는 소홀히 했다. 불성실하고 무기력한 아이들을 통제할 수 없는 교실은 늘 아슬아슬했다. 교사가 아무리 열심히 교재 연구를 하고 열정적으로 수업을 해도 피드백 없는 교실 속 아이들은 떠들고 자기가 하고 싶은 것만 했다. 반면에 성실하게 노력한 아이들에게 적절한 칭찬과 보상을 주고 불성실하거나 규칙을 어기는 아이들에게 함께 정한 페널티를 주었던 해의 교실은 화목하면서도 열정과 의욕이 넘쳤다.

상생을 일으키는 피드백을 하자

나의 경우, 개인의 성취가 모둠의 성취가 되고 모둠의 성취가 학급의 성취가 되도록 보상 체계를 운영했다. 개인이나 모둠이 잘했을 때 모둠 칭찬판에 칭찬 쿠폰 1개를 올리고, 모둠 칭찬 쿠폰이 5개

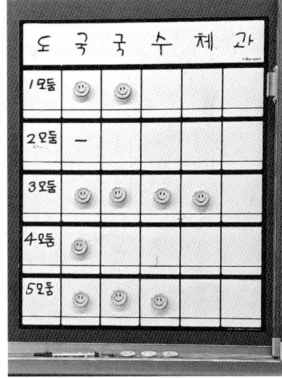

→

모둠 칭찬 쿠폰
5개가 모이면
학급 온도가 1도
올라간다.

모이면 학급 칭찬 온도계를 1도 올렸다.

이러한 피드백은 상생 효과를 불러일으킨다. 내가 잘하면 모둠이 칭찬을 받고, 모둠이 잘하면 학급이 칭찬을 받는 연결 확대 구조가 된다. 서로 응원하고 축하하며 학급이 협동해 하나의 목표로 나아가는 분위기가 형성된다. 개인이나 모둠이 경쟁하여 피곤하고 예민해지는 분위기가 아니라 따뜻하고 고무적인 학급 분위기로 물들어 간다.

4학년 2반 교실을 살펴보자

진수의 자세가 바를 경우, 진수의 자세를 칭찬하며 진수가 소속된 모둠에 칭찬 쿠폰 1개를 올렸다. 진수네 모둠이 5개의 칭찬 쿠폰을 모으면 학급 온도계 1도를 올리는 약속이 되어 있으므로 학급 아이들 전체가 진수네 모둠을 응원하고 격려했다. 진수네 모둠이 결국

5개의 칭찬 쿠폰을 다 모아 학급 온도계 1도가 올라갔을 때 우리 반 모두가 다 같이 환호하며 축하했다. 다른 모둠이 잘했을 때 시샘하고 경쟁하는 것이 아니라 함께 응원하고 기뻐했다.

긍정의 피드백을 더 많이 하는 것이 좋다

피드백에는 긍정의 피드백도 있지만 페널티를 주는 피드백도 있어야 한다. 칭찬 쿠폰을 내리거나, 모은 칭찬 쿠폰이 없을 경우 가위표 등의 표시를 하여 페널티를 주기도 한다.

그러나 같은 상황이라도 노련한 교사는 부정보다는 긍정의 피드백을 더 많이 한다.

"윤아가 수업 준비를 잘하고 있네요."

학급 아이들이 다 떠들고 있을 때 떠드는 아이들을 야단치기보다는 조용히 집중하는 아이 한 명을 칭찬하면 부드러운 학급 분위기를 만들 수 있다.

학급 온도계를 모아갈 때 20도, 40도…… 100도를 모을 때마다 아이들이 좋아하는 활동이나 행사 등을 미리 약속해 목표 달성에 끊임없는 동기부여를 한다. 목표가 달성될 때마다 '20도 피구, 40도 마니토 행사, 60도 보드게임, 80도 영화 보기, 100도 벼룩시장이나 과자 파티'를 했다. 개인 피드백, 모둠 피드백, 학급 피드백이 상호 유기적으로 연결되게 하는 시스템이 정착되면 저절로 굴러가는 학급이 된다. 이 피드백은 간단하고 강력하면서도 상생 효과가 매우 큰 학급 운영 시스템이다. 교사뿐 아니라 1학년부터 6학년까지 아이들 모두가 좋아하는 시스템이다.

의도적으로 칭찬을 많이 해서 학급 분위기를 전환하자

아이들이 느슨해지는 시기도 있다. 이런 상황이 계속되면 교사와 아이들은 '우리 반은 왜 이래?', '우리 반은 다 못해', '우리 반은 맨날 싸워', '우리 반 엉망진창이야'라는 식의 자포자기, 무기력감이 팽배해질 수 있다. 이때 교사는 의도적으로 칭찬을 많이 해서 학급 분위기를 쇄신해야 한다. 칭찬한다는 것은 야단치는 것보다 더 많은 에너지가 필요하다. 담임교사는 힘들지만 의도적으로 칭찬하며 아이들이 자기 학급에 대한 자부심을 갖도록 분위기를 전환해야 한다.

교권을 보호하고 학습권을 보장할 수 있는 중요한 약속을 모두 모둠 칭찬판과 학급 온도계로 피드백하면 교실이 평화롭다. 학급 온도를 올리고 내리고 하면서 교사의 피드백을 보이게 하고, 이러한 가시적 피드백은 아이들에게 매번 작은 목표와 큰 목표가 되어 동기로서 작용하고 성취감을 느끼게 한다.

'규칙 정하기 ➡ 규칙 인지 ➡ 피드백'의 시스템은 교사가 소리 지르거나 화내지 않으면서 즐겁고 공정하게 학급을 돌아가게 한다. 아이들은 작은 사회 속의 시민으로서 일관된 규칙하에 자신의 행동에 책임을 지고 자신의 행동 결과를 예측하며 공정함 속에 안정감을 느낀다. 아이들은 지금, 여기 교실에서, 이 시간에 내가 무엇을 해야 하는지, 어떻게 행동해야 하는지 알고 행동하며 사회적 존재로서 성장한다.

아이들은 칭찬 쿠폰판(일명 칭쿠판)을 통해 서로 응원하며 화목하게 지내게 된다. 교사는 소리 지르지 않고 애쓰지 않으면서도 학급을 안정적이고 효율적으로 운영할 수 있다.

나만의 학급 운영 시스템을 연구하고 적용하자

12월 종업식 전날에 칭쿠판을 정리하려 하자, 아이들은 소리를 질렀다.

"선생님! 내일도 칭쿠 해야 해요!"

교권이 바닥을 치고 포상 제도도 다 사라진 학교에서 칭쿠판은 나에게 참으로 유용한 교육 자료다. 교직을 그만둘 때까지 나는 칭쿠판을 갖고 다닐 생각이다. 옆반 선생님도 2년째 칭쿠판을 이용하고 있다. 나를 보면 엄지척하면서 말한다.

"칭쿠판 너무 좋아! 모둠원이 숙제를 안 해오자 모둠장이 스스로 자기네 칭쿠판에서 칭쿠를 스스로 떼서 얼마나 대견한지. 참 좋아. 올해도 칭쿠판 덕을 많이 봤어."

칭쿠판이 아니어도 된다. 선생님이 애쓰지 않고 아이들이 스스로 바람직한 방향으로 교실 분위기를 만들 수 있는 시스템이 필요하다. 나만의 학급 운영 시스템을 연구하고 적용하자.

'함께 만든 규칙'으로 저절로 굴러가는 교실을 만들자

❶ 3월 첫 주 아이들과 합의된 학급 규칙을 세우자

아이들 언어로 간단한 규칙 한두 가지를 정하자.

❷ 학생들이 해야 하는 일과 하지 말아야 하는 일을 확실히 구분하게 지도하자

화내지 말고 소리 지르지 말고 단호하게 적용해라. 칭찬도 확실하게, 페널티도 확실하게 적용하자.

❸ 상생을 북돋는 피드백을 하자

내가 잘하면 모둠이 칭찬을 받고 모둠이 잘하면 학급이 칭찬을 받는 연결 확대 구조를 만들자.

❹ 부정보다는 긍정의 피드백을 하자

노련한 교사는 '부정'보다는 '긍정'을 부각시킨다.

❺ 의도적으로 칭찬을 많이 해서 분위기를 전환하자

무기력하고 포기하고 싶을 때라도 칭찬거리를 찾아 칭찬하다 보면 학급 분위기가 긍정적으로 전환된다.

8장 ———————————————————————————

'청소 특공대'로 반짝이는 교실 만들기

당신이 사는 방이, 당신 자신이다.
즉, 당신의 마음의 상태, 그리고 인생까지도
당신의 방이 나타내고 있다.

— 마쓰다 미쓰히로, 『청소력』(2007)

왜 청소를 해야 하는가?

나를 깨끗하고 쾌적한 공간에 두는 것! 내가 숨 쉬고 생활하는 곳을
깨끗하게 하는 것이 나를 사랑하는 첫걸음이다. 교실 청소는 봉사
가 아니다. 나를 가꾸고 돌보는 행위다. 아이들에게 청소 교육을 할
때 이러한 이야기를 하며 마음이 움직이게 하자.

　인간은 감각적인 동물이다. 시각적으로 정돈된 환경 속에서 아이
들은 놀라울 정도로 정서적 안정감을 느끼며 생활한다. 특히 교실
전면은 학생들의 시선이 머무는 곳이다. 칠판이나 앞 게시판은 색
을 최소화한다. 교실 속 물건은 꼭 필요한 것만 두고 제자리를 꼭
정해주자. 깔끔하게 정돈된 교실에서 생활하는 쾌적함을 느끼면 아

이들은 스스로 청소하게 된다.

"선생님 반은 매일 7교시를 하는 것 같아요"

"2반 샘, 우리 반은 내가 소리 질러대면서 청소를 시켜야 하는데, 어떻게 자기네 반 아이들은 무슨 청소업체가 하듯 교실 청소를 그렇게 열심히 해? 오늘은 우리 반 복도까지 청소해 주더라. 비법이 뭐야?"

2반 샘은 활짝 웃으며 말했다.

"아이들에게 청소를 할 때 스스로 매우 중요한 일을 하고 있다는 자부심을 팍팍 준 것이 비결이에요."

"청소는 위대한 일이야!" ♡

청소는 기본 생활 습관이 되어야 한다

ON(켠다)과 OFF(끈다)가 분명한 사람으로 아이를 키우라는 말이 있다. 물건이나 공간을 사용하는 것은 ON에 해당하고, 사용한 물건을 제자리에 놓고 청소하는 것은 OFF에 해당한다. 자기가 어질러놓은 쓰레기와 본인 자리를 정리하는 습관은 학교에서 꼭 지도해야 할 기본 습관 중의 하나다. 교사가 대신할 일이 아니다. 어떤 교사는 1인 1역 표를 만들어서 골고루 매일 정리하도록 지도하고,

또 다른 교사는 청소 요일을 정해서 일주일에 한 번씩 청소를 시키기도 한다. 학급의 실정과 교사의 학급 운영 방식에 맞는 청소 방법은 다를 수 있다.

서랍과 사물함을 정리하게 하자

청소의 시작은 물건 정리다. 교실 서랍 정리의 필수 아이템은 바구니다. 학교마다 책상 서랍 사이즈는 다를 수 있다. 우리 학교 책상 서랍은 22cm × 29cm 사이즈의 바구니가 적당했다. 바구니 안에는 꼭 필요한 학습 준비물을 넣어 둔다. 저학년의 경우 교과서가 많지 않으니 오른쪽에는 바구니, 왼쪽에는 교과서와 공책 등을 두게 하자. 고학년은 사물함에 교과서가 쓰러지지 않도록 파일꽂이나 책꽂이를 두게 한다.

| 사물함과 책상 정리 |

매주 금요일 알림장을 쓸 때는 바구니, 사물함 점검을 한다. 정리 일정을 정해서 일관되게 지도하자. 교사가 늘 이 부분을 들여다본다는 인식을 심어줘야 습관으로 자리 잡을 수 있다.

자부심과 자긍심을 주는 청소 당번 이름 공모하자

"월요일 청소 특공대원은 남아요!"
"'청소 요정'들은 남고, '인간'들은 모두 집으로 가세요!"

3월에 아이들 방과 후 일정을 고려해서 요일별 청소 당번을 정하고 당번 이름을 지어야 한다. '청소 박사, 청소 특공대, 청소 요정 등' 다양한 이름이 나온다. 청소에 대한 자부심을 느끼게 하는 거창한 이름을 아이들이 함께 지으면 좋다. '청소 특공대'로 이름이 정해지면 선생님은 '월요일 청소 당번'이라고 부르지 말고 '월요일 청소 특공대원들'이라고 불러서 청소 활동에 대한 재미와 자부심을 줄 수 있다. 청소 당번이 우리 반을 위한 아주 중요하고 위대한 일을 한다는 의욕을 불러일으켜 주자.

품질 좋은 청소 용구를 준비하자

담임 발표가 나자마자 2월에 청소용품을 신청하는 학교가 많으므로 이때 꼭 필요한 물품을 사면 아이들도 교사도 1년이 편하다. 쓸모

| 청소 용구 예시 |

품목	3M 스카치 브라이트 밀대 막대 걸레	3M 정전기 소포 부직포	3M 물걸레 청소포 리필	프로메이드 압축 휴지통 20L	빗자루	극세사 걸레
수량	2개	4박스	90매 2박스	1개	3개	2개

| 요일별 청소 당번 배치표 예시 |

월		화		수		목		금	
이○○	청소포	이○○	청소포	강○○	청소포	송○○	청소포	최○○	청소포
태○○	큰비	송○○	큰비	정○○	큰비	이○○	큰비	김○○	큰비
유○○	물티슈	심○○	물티슈	김○○	물티슈	김○○	물티슈	김○○	물티슈
이○○	정리	이○○	정리	박○○	정리	이○○	정리	김○○	정리
옥이샘	큰비	김○○	큰비	박○○	큰비	장○○	큰비	김○○	큰비
		최○○	신발장			정○○	신발장	전○○	신발장

* 매달 역할은 바뀝니다.

있는 청소용품을 신청하면 1년 동안 청결한 교실을 유지할 수 있다. 빗자루 하나라도 품질 좋은 것을 사자. 좋은 청소 용구는 청소의 효율을 높인다.

3단계 청소법을 살펴보자

① 청소 1단계 – 전원 자기 자리 청소하기
창문을 열어 환기를 하고 다 같이 자기 자리는 스스로 청소한다. 자기 자리 청소가 끝나면 오늘의 청소 특공대원에게 검사를 받는다.

'청소하는 방법' 지도 예시

1. 청소 순서
창문 열기 ➜ 자기 자리, 옆 통로 쓸기 ➜ 책상, 의자, 바닥
물티슈로 닦기 ➜ 청소 특공대 남기

2. 청소 특공대가 할 일
① 청소 점검하기
② 청소 특공대 요일에 꼭 남기
③ 청소 용구로 장난치지 않기
④ 5분 동안 청소하기

| 청소 당번 역할 예시 |

청소 특공 1대원	책상 닦기, 책상 줄 맞추기
청소 특공 2·3대원	교실 대걸레로 닦기
청소 특공 4대원	복도 쓸기, 신발장 닦기
청소 특공 5대원	책꽂이, 사물함 위, 창가 선반, 칠판 아래 닦기 '청소도구함' 정리, 휴지통 주변 정리하기

1단계에서 검사가 제일 중요하다. 검사를 제대로 못 하면 그날의 특공대가 할 일이 아주 많아진다. 청소 특공대는 매의 눈으로 청소 상태를 검사하고 아이들이 간 후 나머지를 책임진다.

② 청소 2단계 - 청소 특공대 활동하기

학급 앞 게시판에 청소 당번, 역할, 주의사항을 알려주자. 청소 당번이 정해지면 다음 학기까지 교체를 희망해도 요일 맞교체 이외에는 바꿀 수 없음을 미리 공지한다. 청소 당번은 네다섯 명이 할 수 있는 교실 청소 일을 나누면 좋다.

③ 청소 3단계 - 구체적인 칭찬으로 청소 특공대를 춤추게 하라!

청소가 마무리되면 교사는 오늘의 '청소 심사평'을 한다. 아이들이 맡은 역할에서 잘한 점을 핀셋으로 콕 집어내듯 칭찬하면 더 잘한다.

"목요일 청소 특공대원들이 학급 문고와 보드게임들을 잘 정리해주어서 우리 반이 깔끔하게 정돈되었구나."

교사의 한마디에 아이들은 자기가 몰랐던 자기 안의 정돈 역량을 발견하게 된다.

관찰 사실을 기반으로 한 구체적인 칭찬의 말과 훈육은 아이에게 긍정적 자극이 된다. 아이들은 선생님의 칭찬과 깨끗해진 교실 모습 때문에 성취감을 느낀다. 청소의 즐거움을 느끼면 힘든 줄도 모르고 노래를 부르며 옆 반 복도까지 밀고 다닌다.

"개미는 짠! 짠! 오늘도! 짠! 짠!"

"얘들아, 그만해. 이제 집에 가야지?"

"더 할래요. 우리 층 복도 다 닦아줄래요!"

"선생님, 청소 왜 이리 재미있어요?"

| 색과 게시물을 절제한 교실 정면 |

| 목적에 따라 잘 분류된 교구장 |

| 정돈된 책상과 사물함 |

청소와 연계한 다양한 활동으로 바른 습관 기르기

청소와 연계할 수 있는 수업은 도덕, 국어, 창의적 체험 활동 시간이 있다. 창의적 체험 활동 시간에는 아침 글쓰기로 우리 반이 청소를 즐겁게 하는 이유를 쓸 수 있고, 국어 시간에는 '청소를 열심히 합시다'라는 주제로 주장하는 글을 쓸 수 있다. 도덕 시간에는 개인 생활 습관을 평가하는 수행평가를 할 수 있다. 기록할 내용이 구체적으로 보이니 청소 활동을 잘 관찰하면 NEIS 행동특성 누가기록을 하기 좋다.

| 우리 반이 청소를 잘하는 비결 아침 글쓰기 |

'청소 특공대'와 함께 깨끗하고 정돈된 교실을 만들자

❶ 청소를 왜 해야 하는지 알게 하라
청소를 하는 것은 자신의 공간을 돌보는 것이고, 그것은 결국 자신을 사랑하는 일임을 가르쳐라.

❷ 품질 좋은 청소 용구를 준비하자
좋은 품질의 청소 용구는 청소의 효율을 높여준다.

❸ 아이들에게 청소 당번 활동에 대한 책임과 자부심을 부여하라
거창한 이름을 공모하라. 그 일을 하는 것이 대단하다고 생각하게 만들자.

❹ 아이들에게 청소하는 방법을 꼼꼼히 가르치자
청소 당번의 역할, 청소 방법, 청소 구역, 청소 점검 등을 구체적으로 지도하자.

❺ 청소의 습관이 자동으로 되도록 지도하라
교실 청소도 시스템으로 구조화하고 자동으로 돌아가게 하라.

9장

공든 탑 무너지지 않는 안전교육

자유와 안전은 서로 밀어내는 자석처럼 사이가 나쁘다.

– 무라세 다카오,『돌봄, 동기화, 자유』(2024)

"선생님! 승현이가 계단 다섯 칸을 한꺼번에 뛸 수 있다고 보여준다고 까불다가 계단 아래로 굴러 넘어졌어요."

"선생님! 하은이가 달리기하다가 많이 다쳐서 보건실에 갔어요."

"선생님, 선생님 반에 '강우'라는 애 엄마가 학교 폭력 신고를 했어요. 그 반의 '은수'라는 애가 신발주머니로 너무 세게 때려서 병원에 가서 CT를 찍었대요."

"선생님, 수환이 손가락에서 피가 나요. 문에 손을 넣고 닫았어요."

"선생님! 지원이가 화장실 앞에서 넘어졌어요."

"선생님, 범주가 연필로 저를 찔렀어요."

"선생님!", "선생님!", "선생님!" …….

아이들은 온종일 여기저기서 "선생님"을 부르고, 우리는 행여나 아이들이 다칠까 노심초사하며 긴장감 속에서 생활한다.

"안전은 실제 이야기로 수시 지도하자." ♡

안전교육은 교육의 0순위가 되어야 한다

교사는 학생을 보호할 책임이 있다. 안전교육을 수시로 했음에도 불구하고 의도치 않은 사고가 언제든 일어날 수 있다. 자녀가 다치면 교사에게 무리한 보상을 요구하거나 악성 민원을 제기하는 학부모도 있다. 학급에서 안전사고가 일어나면 아무리 유능한 교사라도 학급 운영이 어렵고, 모든 교육 활동이 위축된다. 그러므로 초등학교 안전교육은 그 모든 교육에 있어서 0순위가 되어야 한다. 학생과 교사 모두를 위해!

3월, 안전교육 첫 단추를 잘 꿰자

학급에는 문제 행동을 일으키는 아이들이 있기 마련이다. 학기 초에 심하게 위험한 행동을 하는 이 아이들을 제대로 지도하지 못하면, 그 학급은 가뭄에 땅이 갈라지듯 서서히 균열이 생긴다. 위험한 행동을 일삼는 아이들로 인해 다친 아이가 생기고, 다친 아이들의 학부모로부터 민원을 받기 시작하면 교사의 의욕은 바닥을 친다. 이때부터 친절한 교사, 수업을 잘하는 교사 따위 필요 없어지고 내 아이를 안전하게 지켜준 교사만 필요할 뿐이다. 자녀가 다치면 학부모들은 시시비비를 가리려고 한다. 본인이 원하는 대로 해결되지 않으면 학폭 문제로 비화되기도 한다.

그렇게 되기 전에 교사는 개학 첫날부터 3월 한 달 내내 입이 닳도록 지도해야 한다. 아이들에게 친절하고 부드러운 인상도 줘야 하지만 안전만큼은 단호함을 잃지 말아야 한다. 시간순에 따라, 각 교과마다, 특별실 이동 시마다 구체적인 지도를 꼼꼼히 하자. 그래야 교사는 1년 동안 안전하고 평온한 학급 운영을 할 수 있다.

안전 교육의 핵심, 천천히 걷게 하자

데이비드 브룩스(David Brooks)는 『두 번째 산』(2020)에서 이렇게 말했다.

> 새 떼는 무리를 지어서 함께 날면서도 진로를 변경할 때 자기들끼리 부딪치는 법이 없다. 과학자들이 알아낸 바에 따르면, 이는 각각의 새들이 세 가지의 단순한 규칙을 따르기 때문이었다. 첫째, 자기와 주위의 다른 새 사이에 최소한의 거리를 유지한다. 둘째, 옆에 있는 다른 새들과 동일한 속도를 유지한다. 셋째, 언제나 무리의 중심을 향해 날아간다.

> 나는 양심적으로 너무 많이 뛰고, 장난치고, 공공장소에서 떠든
> 것 같다. 그러므로 나는 떠들거나 장난치지 않고 새처럼 간격
> 을 유지하면서 알맞은 속도로 걷겠다.
>
> — 3학년 아이의 글

학교에서 일어나는 사고의 대부분은 앞사람을 보지 않고 걷거나, 빨리 뛰거나, 주의를 기울이지 않아서 일어난다. 우리는 안전한 새의 여행에서 안전교육에 있어 중요한 시사점을 찾을 수 있다.

"최소한 세 걸음 이상 앞사람과 유지하기!"
"뛰지 않기!"
"갈 장소와 할 일에 집중하여 똑바로 가기!"

8~13세의 눈높이에 맞는 안전교육을 실시하자

초등학교는 유치원에 비해 건물의 규모가 크고 군중의 밀집도가 높다. 학생들이 처음으로 겪는 거대한 집단생활의 시작이다. 어린이들에게 '첫 경험'이고, '낯선 상황'일 수 있다. 교사는 초등학교 학생들에게 안전에 대한 사소한 것까지 자세히 지도해야 한다.

눈높이를 낮춰 8세부터 13세의 어린이 입장에서 생각하고 지도하자. 아이들의 신체적 심리적 발달 단계에 맞는 눈높이 교육을 하자. 구체적으로 천천히 설명하고 역할놀이를 통해 위험에 대비한

상황을 간접적으로 경험하게 하면 좋다. 질서 있게 행동하는 것이 안전하면서도 빠른 '지름길'임을 몸으로 느끼게 하자.

안전수칙을 가정과 연계하여 지도하자

학급 회의를 통해 등교에서 하교까지 시간별로 지켜야 할 안전수칙을 정하자. 알림장에 안전수칙을 공지하고 가정과 함께 안전교육이 이루어지도록 하자.

나는 우리 반 아이들과 '계단을 걸을 때는 한 칸씩 걷기'로 약속했는데도 내가 보지 않는 곳에서 자주 네 칸, 다섯 칸씩 뛰는 아이들이 있다는 사실을 알게 되었다. 이런 이야기를 들으면 바로 해당 학부모에게 문자를 보내서 주의를 주었다.

"오늘 규빈이가 다섯 계단을 한 번에 뛰어내렸습니다. 큰 사고로 이어질 뻔했어요. 저도 학급에서 안전교육을 했지만 부모님도 가정에서 한 번 더 지도해 주시기 바랍니다."

안전에 관한 내용을 정리하여 주간학습안내 가정통신란에 알리자. 매일 알림장에도 안전수칙을 써주자.

시간별로 지도하자

① 등교할 때

집에서 학교까지 천천히 걸어서 도착할 때까지 걸리는 시간을 각자 계산해 두라고 한다. 10분 정도 여유 있게 출발해야 다른 사정이 생겼을 때 대처할 수 있고 서둘러서 생기는 사고를 예방할 수 있다고 알려 주자.

② 과학 시간

과학 실험 사고 예방교육이 교과서에 실려 있지만, 아이들의 기발한 호기심은 다른 사고로 이어질 수 있다. 실험은 될 수 있는 대로 크게 하지 말고 교과서에 제시된 범위를 벗어나지 말자.

3학년 과학 시간에 강의 상류와 하류의 침식과 퇴적 작용을 실험할 때였다. 과학실에서 모래 상자로 하는 간단한 실험이었다.

나는 모래가 많은 놀이터에 가서 좀 더 생생한 실험 결과를 보여 주고 싶었다. 놀이터에 가자 아이들은 흥분을 감추지 못했다. 실험은 성공적으로 끝났지만, 쌓은 모래 산을 평평하게 만드는 과정에서 아이들은 발로 모래를 찼다. 눈에 모래가 들어간 아이는 울고불고하고, 아이들은 더 흥분해서 모래를 발로 찬 아이가 누구인지 고자질하고, 지목된 아이는 아니라고 우기고 난리법석이었다. 나는 수습하느라 진땀을 뺐다. 예상치 못한 일이었다.

아이들을 흥분시킬 요소가 있는 실험은 예상하지 못한 안전사고를 일으킬 수 있다. 수업 전에 수업 전체를 시뮬레이션해 보자. 과정마다 발생할 수 있는 위험 요소를 점검하고 수업 전에 아이들에게 안전수칙을 지도한 후 통제 가능한 수업을 구성해야 한다.

③ 체육 시간

아이들은 체육을 한다는 기대가 커서 머리부터 발끝까지 흥분 상태로 교실을 나선다. 아이들은 조금의 틈만 보여도 달리고 뒹굴고 싶어 한다. 그래서 사고가 많이 일어난다. 체육 시간에는 먼저 준비 체조, 정리 체조와 안전교육을 꼭 해야 한다. 또 단원별 체육 교구 사용법을 설명하고, 다칠 수 있는 사례를 들어 경각심을 줘야 한다.

예를 들어, 아이들은 체육 시간에 줄넘기하러 운동장에 나갈 때 마음이 아주 급하다. 교실에서부터 아이들은 줄을 풀어 목에 걸고 손에 들고 휘두르기도 한다. 운동장과 체육관에 도착해서 준비운동을 할 때까지 줄을 풀지 말라고 지도하고, 수업을 마치면 깔끔하게 정리하는 요령도 알려주자. 체육 기구는 시작할 때와 끝날 때 정리 정돈을 하는 것을 통해 사고를 예방할 수 있다.

체육관에서 수업할 때 체육 기구에서 쉬거나 장난을 치지 못하게 사전 교육을 해야 한다. 교사가 학생을 개별 지도하는 그 눈 깜짝할 사이에 아이들은 뜀틀에 올라가거나 매트에 누워서 몸을 부딪치면서 장난을 치다가 사고가 일어날 수 있다.

아이들이 열광하는 피구는 안전사고가 많이 일어난다. 승부욕이 많은 학생은 공에 힘을 줘서 무섭게 던지기도 한다. 경기 전에 너무 세게 공을 던지거나 얼굴을 맞히지 않도록 규칙을 정하고 시작해야 한다. 세게 공을 던진 경우 페널티를 주겠다고 공지하고 이에 동의 해야 경기를 시작할 수 있다는 것을 분명히 하자.

④ 미술 시간

미술 교과도 안전사고가 많이 일어난다. 미술 도구 사용법을 구체적으로 시연하며 설명하자. 교사의 경험을 총동원해 아이들에게 미술 도구가 얼마나 위험할 수 있는지 이야기해 주어야 한다.

미술 도구 중 가위는 가장 많이 사용되며 위험 요소가 많은 도구이다. 아이들은 가위를 들고 오므렸다 폈다 하면서 손장난하다가 친구들이 말을 걸면 가위를 들고 있다는 사실을 잊고 행동한다. 가위는 날을 위로 향해 들지 않게 하고, 쓰고 나서 바로 바구니 안에 넣도록 지도한다. 미술 도구뿐 아니라 모든 학습 도구가 무기로 돌변할 수 있음을 지도하자.

⑤ 쉬는 시간

쉬는 시간에 아이들은 화장실에서 위험한 장난을 치기도 한다. 변기 뚜껑 위로 여러 명이 올라가서 변기가 부서져서 다치기도 하며, 변기를 밟고 올라가 옆 칸을 보려는 시도도 한다. 또 화장실은 물기가 많은 곳이라서 뛰다가 미끄러져 크게 다치기도 한다.

교실에서 뛰어다니면서 몸으로 노는 행동도 위험하다. 교실에서는 열어놓은 가방에 발이 걸려 넘어져 다치기도 하고, 바닥에 노는 아이가 지나가는 아이에게 발을 걸어 넘어뜨리기도 한다. 에너지가 많은 어린이들은 바닥에서 서로 엎어져서 몸으로 부딪치며 장난을 친다.

교실은 좁고 아이들은 많다. 책상, 의자, 가방 사이로 뛰어다니는 것은 아주 위험하다. 긴장이 풀어지기 쉬운 쉬는 시간에는 화장실이든 교실이든 위험 요소가 안전사고로 이어지는 경우가 많으니 특별히 주의를 기울이자.

⑥ 점심시간

아이들이 가장 좋아하는 점심시간은 각종 사고가 많이 일어난다.

아이들은 풀어진 마음으로 여기저기를 들쑤시며 학교를 누빈다. 교사가 점심 먹고 운동장을 나가보면 좋지만, 바쁠 때는 복도 유리창에서 쳐다보면서 위험하게 노는 아이가 있는지 살펴보자.

놀이터는 위험 요소가 많다. 미끄럼틀에서 여러 명이 한꺼번에 타고 내려오기도 하고, 거꾸로 올라오면서 내려오는 아이들끼리 부딪치기도 하며, 모래를 서로 뿌리는 일도 있다. 시소는 가운데 받침점 위에 올라타서 묘기를 부리는 애들도 있다. 구름사다리 꼭대기에 걸터앉아 이야기를 나누는 아이도 있고, 주차장에서 숨바꼭질을 하거나 조회대 난간 위에 걸터앉아 있는 아이도 있다. 교사의 눈을 피해 더 위험한 행동도 하는 경우가 종종 있으니 주의를 기울이자.

| 시간별 안전수칙 |

등·하교 시	화장실 사용 시	점심시간
·뛰지 않기 ·휴대전화 보면서 이동하지 않기 ·실내화 주머니 휘두르지 않기 ·계단에서 뛰고 밀지 않기 ·차가 오는지 잘 살피고 신호등을 보고 건너기	·뛰지 않기 ·물장난하지 않기 ·화장실에서 놀거나 칸에 숨지 말기 ·변기 위에 올라가지 않기 ·화장실 문이 잠겼을 경우 문 두드리기	·차례 지키기 ·급식실에서 뛰지 않기 ·급식 판이 쓰러지지 않게 반듯하게 놓기 ·급식 받고 주위를 살피면서 천천히 걷기 ·뜨거운 국물이 쏟아지면 빨리 주변 선생님께 도움받기
쉬는 시간	청소 시간	특별실 이동 시
·복도에서 뛰지 않기 ·몸을 쓰며 격렬하게 놀지 않기	·빗자루로 칼싸움하지 않기 ·장난치지 않기	·떠들지 않고 그림자처럼 조용히 걸어서 이동하기

학급 회의로 '공론화'하자

수시로 발생하는 위험한 행동에 대해서는 공론화해 아이들과 이야기한 뒤 아침 글쓰기나 알림장에 기록하자.

　교사가 아무리 하지 말라고 해도 달라지지 않는 아이들이 있다. 공론화 과정에서 친구들의 이야기를 들으면 문제 행동을 객관화시켜 생각과 마음을 바꿔서 습관을 자연스럽게 바꾸는 마중물이 된다. 그러한 반성의 시간을 통해 근원적인 문제 행동이 수정될 수 있다. 이도저도 안 되면 학부모와 상담을 해서 가정과 학교가 함께 지도해야 한다. 까불다가 교실 출입문에 손이 낀 사건에 대해 우리 반에서는 이일을 공론화하고 해당 아이는 아침 글쓰기에 소감도 남겼다.

주제: 손이 문에 낌

나는 어제 손이 문에 꼈다. 진짜 기절할 뻔함. 오늘의 교훈, 다시는 문에 손가락이 끼지 않도록 잘 보자.

－ 3학년 아이의 글

수행 평가를 활용하여 안전 교육을 하자

안전수칙을 활용해 수행평가를 할 수도 있다. 아이들은 평가를 통하여 안전에 대해 좀 더 주의를 기울일 수 있고, 교사는 평가에 대

| 안전한 개인 생활 수행평가 |

항목	안전수칙 자기평가	매우 잘함(5점), 보통(3점), 노력 요함(1점)		
		9월 1주	9월 3주	10월 1주
1	나는 신발주머니와 우산 등 물건을 휘두르지 않습니다.			
2	나는 계단을 한 칸씩 걸어서 이동합니다.			
3	나는 복도에서 뛰지 않습니다.			
4	나는 화장실에서 잡기 놀이와 숨기 등을 하지 않습니다.			
5	나는 급식실에서 뛰지 않습니다.			
6	나는 청소 도구를 던지거나 장난치지 않습니다.			
7	나는 교실에서 뛰지 않습니다.			
8	나는 친구를 밀거나 당기지 않습니다.			
9	나는 놀이터에서 모래를 뿌리지 않습니다.			
10	나는 놀이기구를 안전하게 이용합니다.			
11	나는 운동장 조회대 난간에 매달리지 않습니다.			
12	나는 학교 주차장에서 놀지 않습니다.			
13	나는 가위나 연필을 들고 이동하거나 장난치지 않습니다.			
14	나는 실험안전규칙을 지키며 위험한 행동을 하지 않습니다.			
15	나는 난간이나 창틀에 올라가지 않습니다.			
	총 점			

한 부담도 덜고 안전교육도 하는 이중 효과를 얻을 수 있다.

과학수업 첫 시간에는 사전에 만든 '과학 수업을 위한 약속'이라는 자료를 수업 시간에 배부하고 학부모 사인도 받아서 과학책에 붙여두었다. 이런 절차는 과학실 안전수칙을 제대로 교육한 근거 자료도 되고 아이들과 학부모에게 안전에 대한 경각심을 준다.

공든 탑 무너지지 않도록 '안전교육'을 0순위에 두자

❶ 학기 초에 아이들 눈높이에 맞는 안전교육을 철저히 하자

아이들 발달 단계에 맞는 단호하고 구체적인 안전교육으로 평안한 학급을 만들자.

❷ 안전수칙을 시간별로 지도하자

교과서에 제시된 필수 안전수칙은 물론이고 학교생활 중 벌어질 수 있는 안전수칙을 시간별로 꼼꼼히 지도하자.

❸ 학교에서 발생할 수 있는 다양한 사고 유형과 실제 사례를 이야기로 들려주자

선생님이 실감 나게 해준 '안전사고 이야기'는 오랫동안 아이들의 마음에 각인되어 조심성을 길러준다.

❹ 가정과 연계하여 지도하자

알림장, 주간학습안내 가정통신, 개별 문자 등을 통해 학부모와 협력하자.

❺ 학급에서 발생한 안전사고는 공론화하자

학급 회의를 통해 문제 행동을 객관화하여 안전한 행동을 하도록 동기를 유발하자.

4부
습관, 초등교육의 꽃

알림장을 활용한 습관교육

우리 내면에는 좋은 습관이라는 늑대와 나쁜 습관이라는
늑대가 살고 있는데, 어떤 습관에 더 자주 먹이를 주는지에 따라
삶의 방향이 정해진다.

– 웬디 우드, 『해빗』(2019)

"선생님, 우리 애는 스스로 하는 일이 없어요. 이것 했니, 저거 했
니? 맨날 잔소리를 해야 해요."

"선생님, 우리 아이는 손이 너무 많이 가요. 방은 폭격 맞은 것 같
고 잃어버리는 물건도 어찌나 많은지……."

"애들이 커서도 따라다니며 챙겨줘야 할 것 같아 걱정이 태산이
에요."

"좋은 습관을 훈련해

자기 주도적인 아이로 성장시키자."

습관 형성, 적기를 놓치지 말자

사람의 성장 과정에는 각각 적기가 있다. 부모로부터 스킨십을 받아야 하는 시기, 배변 훈련에 알맞은 시기, 키가 크는 시기, 공부에 집중해야 할 시기, 연애하는 데 적절한 시기…… 사람마다 조금씩 다른 결정적 순간이 있겠지만 일반적으로 이 시기에 이것을 꼭 해야 하는 '골든타임'이 있다.

'습관'을 만드는 골든타임은 언제일까?

초등학교 시절은 좋은 습관에 먹이를 주면 좋은 습관이, 나쁜 습관에 먹이를 주면 나쁜 습관을 지닌 인물로 자랄 수 있는 역동적인 때다. 좋은 습관은 일반 교과의 지식 하나를 더 아는 것보다 인생 전체에서는 더 중요하다. 아이들이 올바른 습관을 기르고 그 습관을 발판 삼아 자기 인생을 주도적으로 계획하고 보다 나은 삶을 향해 점프할 수 있도록 도와주자.

초등학교 습관 교육, 최종 목표는 무엇일까?

명문대 진학이 교육의 목표가 되는 현실 속에 많은 아이들은 어린 시절부터 부모가 짜놓은 학원 스케줄에 맞추어 살아간다. 이 학원에서 저 학원으로 숨 쉴 틈 없이 뛰어다니는 학창 시절을 보내고 스무 살이 된다. 아이들은 자신의 삶을 스스로 계획해 보거나 어떤 삶을 살아야 할지 깊이 고민하는 여유를 갖지 못하고 성적에 쫓기다 '어쩌다 어른'이 된다. 수동적이고 자기 주도성이 없는 어른의 탄생이다.

인생의 초봄을 맞이한 아이들이 올바른 습관의 싹을 틔우고 싱싱하게 자라나도록 물을 주고 햇살을 비추도록 돌보는 일에 관심을 갖자. 아이가 인생에서 빛나는 열매를 맺도록 꾸준히 반복시키자. 가정과 협력해 관심을 기울이고 격려해 주자.

습관이 결국 아이의 미래를 만든다. 좋은 습관은 좋은 변화를 만들고, 좋은 변화는 좋은 인생을 만든다. 습관 교육을 통해 아이들이 인생의 모든 순간에 스스로 계획하고 스스로 결정을 내리며 자기 인생을 헤쳐나갈 수 있게 도와주자.

아이들에게 어떤 습관을 키워주는 것이 좋을까?

교사마다 중요하게 여기는 가치관은 조금씩 다르므로, 각 반의 목표는 다양하게 나올 수 있다. 학기 초에 아이들의 생활 습관을 조사하고 문제가 되는 점을 정리해 우리 반 목표 습관을 정하면 된다.

내가 정한 목표를 소개하며 습관 교육의 실전에 들어가 보자. 나는 해마다 '알림장의 할 일 스스로 하기, 15분 스스로 책 읽기, 집안일하기'를 우리 반 목표 습관으로 정했다. 학기 중간 학부모 상담을 통해 알게 된 학생들의 무절제한 휴대전화 사용 습관을 고치기 위해 '휴대전화 사용 시간 지키기'도 추가해 지도했다.

습관 하나, 알림장의 할 일 스스로 하기

습관 교육의 목표를 달성하기 위해 '알림장'을 활용하자. 〈전지적 참견 시점〉이라는 TV 프로그램을 보면 연예인의 하루를 매니저가 깨알같이 관리해 준다. 나는 아이들에게 말한다.

"이 알림장을 너희들의 매니저로 잘 활용해 보자."

집으로 돌아간 아이들이 제일 먼저 가방을 열고 스스로 알림장을 꺼내 해야 할 일을 확인한다. 이것은 사소해 보이지만 큰 차이를 만들 수 있는 중요한 행동이다.

어릴 때부터 해야 할 일을 기록하고 한 일을 점검해 나가는 습관은 자기 주도형 인간이 되도록 돕는다. 해야 할 일을 스스로 인지하고 매일 실천하고 했는지 점검하는 습관은 자신을 스스로 관리하고 통제할 수 있는 인간으로 성장시킨다.

습관 둘, 스스로 책 읽기

인생 전체에서 독서를 습관화하는 것이 중요함은 말할 필요도 없다.

3월에 목표를 설정할 때 아이들과 몇 분 동안 책을 집중해서 읽을 수 있는지 이야기를 나눠보자. 15분 동안 할 수 있겠냐고 물으면 대부분 할 수 있다고 하나 어떤 아이는 할 수 없다고 한다. 이럴 때는 아이마다 스스로 할 수 있겠다고 하는 시간으로 시작해 서서히 늘려가자. 저학년의 경우 5분부터 조금씩 늘려가도 좋다.

이러한 독서 방법은 독서하는 좋은 습관뿐 아니라 독서에 흥미를

붙이고, 더불어 아이의 집중력까지 향상시켜 세 마리 토끼를 잡는
방법이 된다.

　정량적으로 제시되는 '독서 15분'은 아이들이 스스로 확인하고
제어할 수 있는 가시적 목표이다. 나는 아이들에게 다음과 같은 '독
서 15분 5개 수칙'을 당부한다.

 살펴보기

독서 15분 5개 수칙

첫째. 타이머를 놓고 시작과 끝 시간을 명확히 지킬 것

둘째. 한번 앉기 시작하면 절대 일어나지 말 것
● 일어났다면 처음부터 다시 시작

셋째. 책상이나 식탁에 바르게 앉아 읽기 시작할 것
● 구부정하게 앉거나 누워서 읽지 않기

넷째. 첫 페이지는 소리 내어 읽을 것
● 낭독은 시각과 청각이 동시에 작용해 집중할 수 있게 해주고,
　독서를 시작하는 신호이며 발동을 거는 원동력

다섯째. 한 번에 15분만 할 것
● 1분도 더하지 말고 딱 15분만 하여 성취감 맛보기

습관 셋, 집안일하기

집안일하기는 가족구성원으로서 책임을 분담하고 자기주도적 습관과 바른 인성 함양에 꼭 필요하다. 작은 집안일도 하지 않고 어른이 되면 중요한 가치를 놓치고 사는 배려심 없는 사람이 될 수 있다.

초등학생이 할 수 있는 집안일에는 양말 개기, 현관 신발 정리하기, 침대 정리하기, 수저 놓기, 수건 개기, 옷 걸기, 책상 정리하기 등이 있다. 집안일을 하며 그 일의 어려움과 가치, 노동의 소중함, 가족 간의 평등을 배우게 하는 것은 아이들 인성과 습관 형성에 매우 가치 있는 일이다.

알림장을 통해 습관을 강화하자

아이들은 3월 새 학기를 시작하면 '독서'와 '집안일하기', '휴대전화 사용 시간 지키기' 세 가지를 매일 알림장에 쓰고 괄호 칸을 만든 뒤 부모님 사인을 받아온다. 아이들이 집에 가자마자 알림장을 펴서 스스로 과제를 하고 준비물도 스스로 챙긴다.

4학년 아이들은 1학기에 독서 15분(2학기에는 20분), 집안일 한 가지(월요일은 수저 놓기, 화요일은 현관 신발 정리하기, 토요일은 화분에 물주기 등등)를 매일 알림장에 쓰고, 실천하고, 검사받기를 반복했다.

| 학부모 확인을 통해 습관을 기르는 알림장 |

9월 13일 화요일
1. 내일 수학 1단원 평가
2. 내일 스포츠 클럽
3. 독서 20분 (사인) 장끼전, 춘향전
4. 거실 물건 정리하기 (사인)
9월 14일 수요일
1. 모둠준비 : 종이상자(A4 크기보다 큰 것), 색연필, 나무젓가락 5개
(미술책 51쪽 참고)
2. 독서 20분 (사인) 운영전
3. 거실 정리하기 (사인)

괄호 하나! 그 놀라운 힘을 확인하자

학부모들은 부모로서 권위와 책임을 갖고 매일같이 사인해 주며 기쁜 마음으로 교육에 동참할 수 있다. '괄호' 하나는 아이가 부모의 말을 듣게 하는 힘이 되기도 하고 부모와 교사가 아이의 교육을 위해 손을 맞잡고 함께 가는 교육의 고리가 된다.

만약 부모님께 사인받기 어려운 상황이라면 가족 중 누구에게라도 받아도 된다고 안내하여 무관심한 보호자가 있는 아동들의 사정도 배려하자.

교사는 다음 날 부모님에게 사인을 받아왔는지 확인하고 적절한 피드백을 해야 한다.

'알림장'으로 좋은 습관 기르는 방법

1. '독서 15분( ), 수저 놓기( ), 휴대전화 사용 시간(60분 미만) 지키기'라고 알림장을 써주고 알림장을 잘 썼는지 검사한다.
- 해야 할 일을 인지하고 메모하는 습관을 기른다.

2. 집에 가자마자 알림장을 펴게 한다.
- 해야 할 일을 미루지 않고 하는 시간 관리 습관을 기른다.

3. ( ) 안에 부모님 확인 사인을 받아오라고 한다.
- 해야 할 일의 완료를 점검하며 성취감을 느끼고 사인을 받으며 보상을 받아 습관을 강화시킨다.

4. 학부모 확인 사인을 받아온 것을 다음 날 반드시 교사가 점검하고, 모둠별 보상을 해준다.
- 자신이 한 일에는 책임이 따름을 배우고 집단 구성원 으로서의 소속감과 협동심을 배운다.

성취감을 느끼게 하자

어떤 아이들은 독서 15분이 너무 짧다고 하소연(?)한다. 그럴 때는 두 세트를 하라고 한다. 스스로 괄호 하나를 더 하게 하고, 15분 독서 이후 반드시 쉬고 한 세트를 더 하게 한다. 이렇게 하는 이유는 실현 가능성이 높은 작은 성공을 통해 짧고 강력하게 목표 의식과 성취감을 느끼게 하기 위함이다. 아이들은 늘어지게 30분이라는 단위를 제시했을 때보다는 15분 2회를 했을 때 목표 접근이 가깝고 성취감을 느낀다.

책을 좋아하는 어떤 학생은 하루 동안 괄호 7개를 하고 모두 사인을 받아오기도 했다. 독서를 어려워하고 싫어하는 아이들도 이 방법은 재미있어 하고 성취감을 느껴 도전 의식을 생기게 한다고 했다.

칭찬 쿠폰으로 습관의 연료를 공급하자

보상의 방법으로 나는 주로 모둠 칭찬판을 이용한다. 아이들은 자기 모둠이 칭찬받기를 원하는 마음에 책임감과 연대의식, 협동심을 발휘한다. 모둠원 전원이 해왔을 때는 모둠 칭찬 쿠폰 1개를 올려준다. 간혹 안 해오는 아이들도 있다. 그럴 때는 함께 정한 페널티를 적용한다(예: 모둠 칭찬 쿠폰 1점 떼기 등). 페널티는 기계적으로 적용된다. 과제를 안 해온 아이를 비난하지 않도록 미리 교육시키자. 연속 두 번 안 해올 때는 학부모에게 연락하고 지도를 부탁하면 대부분 행동 수정이 된다.

3월에는 담임교사가 매일 알림장 검사를 하는 것이 좋다. 어제의 과제 수행을 하고 부모님께 사인을 받아왔는지 확인하는 교사의 피드백은 습관을 형성시키는 강력한 연료다. 5월쯤만 되어도 아이들끼리 알림장을 검사하고 알아서 모둠 칭찬 쿠폰을 '붙이고 떼고'를 자동적으로 한다. 교실은 저절로 시스템화된다. 교사는 인상 쓰지 않아도 되고 아이들끼리 자발적으로 활동하는 모습을 보며 흐뭇하게 웃을 수 있다.•

습관 연구의 권위자인 우드(Wendy Wood)는 『해빗』(2019)에서 말했다. "보상은 습관이라는 전차를 계속해서 앞으로 나아가도록 연료를 공급하는 역할을 한다. 최초의 노력에 대한 사소한 보상조차 없다면 우리의 습관은 지속되지 않을 것이다." 교사는 꾸준한 보상으로 아이들의 바람직한 습관을 형성시키자.

알림장으로 좋은 습관이 형성된 우리 반

아이들은 이 아날로그식의 알림장 쓰기로 바람직한 좋은 습관이 형성될 수 있다. 스스로 책 읽는 습관, 집안일하는 습관, 휴대전화를 절제하며 사용하는 습관은 물론이고, 스스로 알림장을 펴고 해야 할 일을 자기 주도적으로 관리하는 자립형 인간으로 성장했다.

꾸준히 매일 검사해야 아이들에게 이 일이 당연한 것이 되고 좋은 변화를 이루는 습관이 된다. 우리 반 아이들에게 '알림장 쓰기, 부모님께 사인받기, 선생님께 검사받기'는 하나의 패키지로 아이들의 일상에 중요한 의식으로 자리 잡았다.

이 과정을 통해 우리 반 아이들은 다음 목표를 달성했다.

• 7장 「함께 만든 규칙'으로 애쓰지 않는 교실」 참조.

첫째, 해야 할 일을 스스로 챙기고 자신의 시간을 관리하게 되었다.

둘째, 매일 15분간 바른 자세로 집중해서 책을 읽게 되었다.

셋째, 집안일을 하며 노동의 가치를 체험하고 온전한 가족구성원 역할을 수행했다.

습관 교육에 대한 학부모들의 반응은 뜨거웠다

동짓날 아침에 연재 어머님이 교실 앞에 냄비를 싼 보자기를 안고 계셨다.

"연재 어머님, 안녕하세요? 어쩐 일이세요?"

"아, 선생님. 오늘이 동지라서요. 팥죽을 좀 쑤었어요. 뜨거울 때 선생님이 좀 드셨으면 해서 냄비째 들고 왔어요."

"아이고, 어머님. 감사한데 제가 이거를 받으면 안 되는데요."

그 소리에 연재 어머님은 우실 것 같은 눈으로,

"선생님, 너무 감사해서요. 우리 연재가 선생님 만나고 바뀌었어요. 동생이 연재를 맨날 무시했는데 3학년이 된 연재가 집에 와서 의젓하게 수저를 놓고, 수건을 개고, 책을 읽고 하는 모습을 보고 그때부터 오빠를 무시하지 않고 달리 보더라구요. 집에 와서 알림장 펴고 숙제도 알아서 하고 준비물도 스스로 챙겨요. 너무 의젓해져서 어떻게 감사를 드려야 될지 모르겠고…… 선생님께 이거라도 좀 드리고 싶어서 들고 왔는데……."

라고 말했다. 어쩔 줄 몰라 하는 나와 더 어쩔 줄 몰라 하는 연재 어머님이 복도에서 따뜻한 팥죽을 사이에 두고 팥죽보다 더 훈훈한 이야기를 나누었다.

많은 학부모들이 알림장을 통한 습관 교육에 대해 감사의 마음을 보내왔다.

"선생님, 지완이가 학원 가기 전에 수건 개지 말라고 신신당부를 해서 제가 너무 웃었어요. 예전에는 학원 다녀오면 가방 던져놓고 게임하기 바빴는데, 요즘은 오늘 수건 다섯 장 개기 숙제를 해야 한다고 수건 개지 말고 남겨놓으라고 하네요. 뚱하던 사춘기 아이가 그렇게 바뀌니까 놀랍기도 하고 웃기기도 하고 신기하기도 하고…… 어떤 날은 오늘 설거지 숙제라고 하는데 저한테 이것저것 물어보고 요즘 들어 대화도 엄청 늘었어요. 애가 집에 와서 자기가 해야 할 일을 하나씩 챙겨가며 하는 모습이 듬직하네요. 선생님, 힘드실 텐데 이런 것까지 가르쳐주셔서 감사합니다."

"아이가 집에 와서 알림장 펴고 혼자 이것저것 알아서 하는 모습이 놀라워요. 몇 년 동안 그렇게 바꾸려고 해도 안 바뀌던데 어떻게 이렇게 하루아침에 달라질 수 있나요? 우리 반 엄마들도 이구동성으로 아이가 의젓하게 스스로 하는 모습이 놀랍다고 말해요. 선생님, 정말 감사합니다."

"선생님의 관심으로 아이가 변화한다는 것을 경험했습니다. 지금처럼 변함없는 모습으로 아이들을 돌봐주세요."

"좋은 생활 습관과 책 읽기 지도해 주셔서 너무 고맙습니다."

"선생님 덕분에 알차고 유익한 한 해였습니다. 공부뿐 아니라 매일 생활 습관 지도로 독서도 집안일도, 준비물 챙기기도 스스로 알아서 하는 아이로 변했습니다. 내년에도 선생님과 함께하고 싶습니다."

"아이가 바른 인격체로 발전할 수 있게 습관을 잡아주셔서 정말 감사합니다."

"아이가 알림장을 펴고 해야 할 일을 알아서 하는 모습에 놀랐습니다. 더할 나위 없이 좋은 교육 해주셔서 감사드려요."

1학년부터 6학년까지 학년을 막론하고 습관 교육에 대한 학부모들의 반응은 뜨거웠다. 3월 첫 주에 아이가 집에 돌아와 스스로 책을 읽는 모습에 놀라 너무 기쁘다고 하는 학부모, 어쩌면 이렇게 순식간에 아이가 바뀔 수 있냐고 감탄하는 학부모, 아이가 사람 됐다고 하는 학부모, '교육혁명'이라는 학부모, 학원에서 배울 수 없는 것을 배웠다는 학부모 등 아이가 좋은 습관을 갖고 변화되는 모습에 기쁨을 감추지 못했고 이에 대해 진심 어린 감사를 표현했다.

휴대전화 과사용 습관을 고치다

고학년 학부모들과 상담하다 보면 학부모들의 가장 큰 고민은 휴대전화와의 전쟁이다. 고학년이 되면 부모가 제어하는 휴대전화 사용 앱 설정도 아이들이 강하게 거부해서 소용도 없고, 집에서든, 여행을 가든 아무것도 관심 없고 오로지 휴대전화만 들여다보는 자녀들 때문에 속이 터진다며 한숨 쉬는 학부모들이 많다. 야단을 치면 그때뿐, 휴대전화만 하는 아이들과 잔소리하는 부모들의 관계는 계속 나빠진다고 하소연한다.

나는 우리 반 아이들의 휴대전화 중독 진단검사와 중독의 위험성에 대한 교육을 학기 초에 했지만 일회성 교육만으로는 아이들 생활에 전혀 변화를 줄 수 없다는 것을 알았다. 다시 중독 진단과 중독의 위험성 교육을 했다. 아이들과 함께 적정한 휴대전화 사용 시간에 대한 학급 토의 시간을 마련했다.

부모와 교사가 어른이라는 권위로 일방적으로 지시할 때는 반감과 거부감을 갖기 쉽다. 아이들은 문제 행동에 대한 '학급 토의'를 통해 다른 친구의 의견을 듣고 내 생각의 옳고 그름을 수정하는 시간을 거치면서 자발적이고 바람직한 방향으로 행동을 수정하려고 노력한다.

휴대전화에 중독된 아이들의 행동 수정을 위해 현실적으로 하루 휴대전화 사용 시간이 어느 정도가 적당한지 파악해 볼 필요가 있었다. 먼저 실태 조사를 해보니 휴대전화를 전혀 사용하지 않는 아이부터 하루 종일 쉬지 않고 하는 아이까지 다양했다. 하루 종일 휴대전화를 사용하던 아이는 전혀 사용하지 않는 친구가 있다는 사실에 충격을 받은 표정이었다.

아이들은 자신의 습관을 객관화해 보며 스스로 반성하고 변화를 다짐했다. 토의를 통해 우리 반 아이들은 현실적 휴대전화 사용 시간으로 '평일에는 0~60분, 주말에는 0~70분'이 적당하다고 의견을 모았다.

나는 당일 오후부터 알림장에 '휴대전화 사용 시간 지키기(0~60분)'이라고 써주었다. 토의의 결과가 실천으로 이어지도록 알림장 습관 교육과 접목했다.

일주일 후 학부모들로부터 연락이 왔다.

"전쟁이 끝났어요."

"집에 평화가 찾아왔어요."

"모든 시름이 사라졌어요."

"선생님은 저희 부부의 은인이에요."

'알림장'으로 좋은 습관을 길러주자

❶ 아이들이 좋은 습관을 갖도록 힘쓰자
올바른 습관 기르기 교육을 통해 아이들을 자기 주도적인 사람이 되게 하자.

❷ 알림장에 괄호 쓰기를 활용해 학부모와 협력하자
'알림장 펴고 스스로 할 일 하기, 책 읽기, 집안일하기'를 매일 알림장에 쓰고 괄호를 한 뒤 부모님 사인을 받아오게 하자.

❸ 작은 성공 기회를 주어 성취감을 느끼게 하자
아이들이 쉽게 도달할 할 수 있는 일거리와 시간을 설정해 매일 성취감을 느끼게 하자.

❹ 과제 이행에 대해 피드백하자
과제 수행을 하고 부모님께 사인을 받아왔는지 확인한 뒤, 칭찬 쿠폰과 학급 온도계로 보상하자.

❺ 1년 내내 매일 꾸준히 하자
습관 형성은 하루아침에 이루어지지 않는다. 매일 알림장 사인 받기를 실천하며 좋은 습관이 몸에 착 붙게 만들자.

11장

스스로 책을 읽게 하는 인문 독서교육

평생 인성, 초등 인문 독서에 달렸다.

– 임성미, 『초등 인문 독서의 기적』(2016)

학교에서 아이들에게 책 읽는 습관을 길러줬으면 좋겠어

동네 친구들을 오랜만에 만났다. 책을 안 읽는 자녀들 때문에 동네 엄마들이 짜증스럽게 말했다.

"우리 애는 게임만 하고 스스로 책을 절대 안 읽어서 속이 터져."

"그래서 난 독서 논술 학원에 보냈더니 일주일에 한 권 억지로 읽긴 하더라."

"하다 하다 책을 읽는 것까지 학원에 돈을 갖다 바쳐야겠어?"

"난 논술이고 문해력이고 많은 걸 바라지 않아. 그냥 책 읽는 모습만이라도 보고 싶어."

"그렇지. 책을 읽는 것 자체가 중요한데……. 학교에서 책 좀 읽게 해주면 좋으련만."

"지금 책 안 읽으면 아이들은 중학교 고등학교 가서는 책 읽을 시간도 없고, 습관이 안 들어서 읽을 생각도 안 한다던데 너무 걱정이야."

그들은 미간에 11자를 그리며 '학교가 책 좀 읽게 해주면 안 되나?' 하는 애원의 눈빛으로 나를 빤히 쳐다봤다.

"우리 반 아이들 모두 책을 스스로 읽게 만들어야지!" ♡

초등학교 시절 풍부한 독서는 자신도 모르게 지식이 쌓이고 중·고등학교 교과 공부에도 큰 힘을 발휘한다. 책을 많이 읽으면 이해력, 사고력, 창의력, 논리력 등 다방면에서 힘을 기를 수 있다. 세계를 이끌어가는 많은 인재들의 어린 시절에는 책이 중심에 있었다. 책을 통해 기른 그들의 상상력과 창의력은 인류가 처한 수많은 문제들을 해결하고 있다.

초등교육 현장에서 수십 년 동안 독서교육을 지도하면서 학년을 고려한 독서교육의 목표와 실천 방법은 조금씩 차이를 두어야 한다는 생각을 했다.

| 학년별 독서교육 |

학년	목표	방법
1~2학년	'읽는 즐거움을 갖게 하자'	추천 도서 읽기, 다독
3~4학년	'긴 호흡의 책을 읽게 하자'	온 책 읽기, 정독
5~6학년	'토의 토론으로 생각하는 힘을 키워주자'	고전 및 인문 도서 읽기, 독서 토의 토론

학부모가 원하는 중점 교육은
인성교육과 독서교육이다

매년 학교에서는 12월 초 다음 해 교육과정 수립을 위해 학부모, 교사, 학생 설문조사를 한다. 2024년도에 학부모가 원하는 중점 교육은 인성교육과 독서교육이 1, 2위로 작년과 비슷한 결과였다. 전에 근무했던 학교에서도 설문 결과는 비슷했다.

| 2024년 ○○초등학교 학부모 설문 통계 |

	본교 교육에서 어느 부분에 좀 더 중점을 두어야 한다고 생각하십니까? (2개 선택)		
1	인성교육	266	56.24%
2	독서교육	243	51.37%
3	교과교육	160	33.83%
4	미래교육	118	24.95%
5	진로교육	96	20.30%
6	예술교육	77	16.28%
7	기초학습	54	11.42%
8	기타의견	13	2.75%

1년 동안 함께 읽을 '온 책 읽기' 목록을 만들자

교사들은 해마다 "우리 반 어린이 모두, 책을 좋아하게 만들겠어!"라는 다짐을 하며 독서교육을 시작한다. 담임 배정이 발표되면 가장 먼저 준비해야 하는 것은 학년 수준·시기·교과에 맞는 '도서 목록

선정'이다. 책을 좋아하는 아이들이 되게 하려면, 매월 1~2권의 책을 정독할 수 있도록 재미와 지혜를 고려한 도서 추천이 필요하다.

학년 수준에 맞는 필독 도서 20권 내외를 선정하자

1학년은 지도서와 교과서에 나온 그림책을 중심으로 필독 도서를 정하고 교사가 일주일에 1~2권 정도 읽어주면 좋다. 2~3학년은 그림책, 전래동화와 쉬운 고전 도서를 섞어서 필독 도서를 선정하고 아이들이 스스로 읽게 도와주자. 4~6학년은 고전 인문 도서 위주의 필독 도서를 작성해 놓자. 인문 고전 도서가 위주이지만 학년과 시대의 흐름에 맞는 책을 몇 권 정도는 변경해 주면 좋다. 이 책에서 제시하는 학년별 목록은 하나의 예시일 뿐이니 참고해 '교사 자신만의 도서 목록'을 만들고 교직에 있는 동안 활용하자.

| 학년별 초등 인문 도서 |

1~2학년 도서		
순서	도서명	출판사
1	약속 꼭 지킬래	키위 북스
2	왜 마음대로 하면 안돼요?	좋은책어린이
3	이럴 땐 이렇게 말해요	책읽는달
4	나 먼저 할래	스콜라
5	나의 봄 여름 가을 겨울	베틀북
6	봄이 오면	사계절
7	봄은 어디쯤 오고 있을까	고상한 그림책 연구소

8	꽃	키즈엠
9	아주 작은 씨앗이 자라서	웅진주니어
10	우리 순이 어디 가니	보리
11	봄을 담아요	대교 출판
12	난 학교가 좋아	톡
13	학교 가기 조마조마	고상한 그림책 연구소
14	처음 학교 가는 날	파랑새
15	학교 처음 가는 날	국민서관
16	학교에서 사귄 첫 친구에요	밝은미래
17	얘들아 학교 가자!	사계절
18	학교에서 똥이 마려우면	노란우산
19	발견! 우리 학교 이곳저곳	토토북
20	도서관에서 처음 책을 빌렸어요	보물창고

3~4학년 도서

순서	도서명	출판사
1	들키고 싶은 비밀	창비
2	리디아의 정원	시공주니어
3	그림 형제 동화집	지경사
4	쿵쿵이의 대단한 습관 이야기	풀빛
5	나 먼저 할래	스콜라
6	사라지는 것들	비룡소
7	한밤중 달빛식당	비룡소
8	공자 아저씨네 빵가게	주니어 김영사
9	당신의 마음에 이름을 붙인다면	책읽는곰
10	그림 형제 동화집	지경사
11	어린이 사자소학	파란정원
12	프린들 주세요	사계절
13	우리가 케이크를 먹는 방법	문학동네
14	빨강 연필	비룡소
15	파브르 식물 이야기	사계절
16	개구쟁이 수달은 무얼하며 놀까요?	재능교육
17	작은 당부	모래알

18	보니까	울린
19	네 기분은 어떤 색깔이니?	책읽는곰
20	선생님, 있잖아요.	사계절

5~6학년 도서 목록

순서	도서명	출판사
1	죄와 벌	지경사
2	홍길동전	보리
3	사람은 무엇으로 사는가?	지경사
4	사자왕 형제의 모험	창비
5	어린왕자	열린책들
6	복제인간 윤봉구	비룡소
7	80일간의 세계일주	지경사
8	베니스의 상인	지경사
9	로빈슨 크루소	지경사
10	마지막 잎새, 행복한 왕자, 목걸이	지경사
11	꼴뚜기	창비
12	몽테크리스토 백작	지경사
13	일곱 빛깔 독도 이야기	이마주
14	장발장	지경사
15	모비딕	지경사
16	한중록	한겨레아이들
17	지킬박사와 하이드씨	지경사
18	10대를 위한 정의란 무엇인가	미래엔아이세움

교실을 작은 북카페처럼 만들자

올해 3학년을 맡은 나는 우리 반 필독서와 최근 읽고 매료된 그림책을 창가에 비치했다. 사서교사 추천 도서 40권도 1년 동안 교실로 빌려 왔다. 아이들이 언제든지 즐겁게 책을 접하고 읽을 수 있도

| 교실은 작은 북카페 |

록 교실 여기저기에 비치했다. 교실은 작은 북카페가 되어 아이들은 스스로 즐겁게 책을 골라 읽었다. 다양한 방법으로 교실 독서 환경을 만들어주면 된다.

생활과 인성 지도, 책을 활용하자

1학년 담임할 때의 일이다. 화장실만 다녀오는 데도 아이들이 마라

토너처럼 달렸다. 5층에 있는 도서관에 갈 때도 먼저 가려고 달리고 또 달렸다. 새치기는 기본인 아이들을 보다가 고민 끝에 책을 찾아봤다. 최영미의 『나 먼저 할래』(2015)라는 책이 딱 좋았다. 아이들은 이야기를 좋아하는 특성이 있다. 책의 앞부분만 읽어주고 뒷이야기를 궁금해하게 만들면 책을 읽고 싶은 마음을 이끌어낼 수도 있다.

이 책은 아이들 '달리는 습관 고치기'의 교육 자료로 적절했다. 나는 일주일 동안 아침 독서 시간에 10쪽씩 읽어주었다. 자기와 비슷한 어린이 주인공 '라나'가 천방지축 새치기를 하다가 결국 화장실에서 오줌을 싸는 광경에서는 우리 반 아이들 모두 탄식과 한숨을 내쉬었다. 교사가 말하고 싶은 것을 책이 대신해 줬다.

"새치기가 습관이 되면 안 돼! 라나처럼 바지에 오줌 쌀 수 있어!"

독서할 시간을 마련해 주자

어린이들이 책 읽기를 좋아하게 하려면 먼저 책을 읽을 시간이 필요하다. 가정에서 책을 읽는 과제도 내줘야 한다.*

책읽기 습관이 자연스럽게 스며들던 어느 날, 서윤이는 나에게 말했다.

"저는 화가 날 때 책을 읽어요. 그러면 화가 풀려요."

---

* 습관 교육 부분에서 자세히 언급되어 있으므로 10장 「알림장을 활용한 습관교육」 참조.

이런 말을 들으면 교사로서 아이들에게 좋은 영향을 주고 있다는 자부심을 느껴 행복해진다.

아침 활동 시간에 아이들끼리 책을 읽어주는 활동도 좋다. 아이들은 릴레이 책읽기를 좋아한다. 서로 읽겠다고 난리가 난다. 평소 용기가 없어서 발표를 안 하는 아이부터 기회를 주자. '아침에 친구들에게 책 읽어주기 활동'은 책을 읽고 듣는 즐거움과 동시에 발표에 대한 자신감도 길러준다.

두 마리 토끼를 잡는 독후 활동을 해보자

억지로 줄만 채우는 독서록 쓰기는 아이들에게 시간 낭비일 뿐이다. 아이들이 스스로 책 읽는 즐거움을 느끼면서 독서록을 쓰게 하자. 예를 들어 3학년 1학기 국어 1단원 '재미가 톡톡'에서 감각적 표현의 재미를 느끼며 성취 기준에 도달하기 위해 과제를 내면 된다. '학교 도서관에 가서 동시집을 1권 읽고 감각적 표현이 들어 있는 시 두 편 독서록에 써오기', '책 읽고 독서록에 시로 감상문 쓰기' 등……. 시로 독서록을 쓰기는 아이들이 좋아하는 독후감 형식으로 인기가 많다.

초등 국어 교과서마다 독서 관련 단원이 있다. 1년의 독서 교육을 계획하고 학년 초 교육과정을 짤 때 독서 단원을 적절하게 배치하자. 독서 과제 따로, 교과 따로 지도하려 하지 말고 교과와 연계하면 시간도 절약하고 교사의 에너지를 절약할 수 있다.

| 아이들이 쓴 독서 감상문 시 |

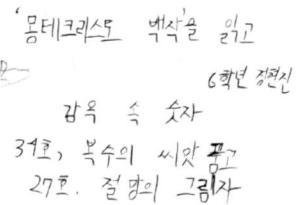

| 교과연계 독서 감상문 주제 목록 |

3학년 독서 감상문

도서명	독서 감상문 주제	교과 연계
『쿵쿵이의 대단한 습관 이야기』, (허은미, 풀빛)	· '삼삼오오의 대단한 습관' 열 가지 토의하여 정하기 · 책 읽고 새로 알게 된 낱말과 속담, 격언 쓰기 · 고릴라 아줌마가 들려주는 좋은 습관 만드는 다섯 가지 방법	창체(자율)
『리디아의 정원』 (사라 스튜어트, 시공주니어)	· 리디아에게 편지 쓰기 · 리디아처럼 우리 학교 옥상에 버려진 화분에 정원 만들기 계획 세우기 · 가족 사이에 고마웠던 일을 찾아 감사 카드 만들기	국어, 도덕

4학년 독서 감상문

도서명	독서 감상문 주제	교과 연계
『꼴뚜기』 (전형민, 창비)	**주인공과 더불어 생각하고 행동하며 이끌어가는 방법** · 친구의 별명, 놀림, 은근한 따돌림에 대해 내 경험과 관련지어 자유롭게 이야기 나누기 · '내가 꼴뚜기가 된다면 기분이 어땠을까?' 생각해 보기 · 평화로운 친구 사이를 위해 우리가 지켜야 할 일들을 생각해 보고 실천의 약속 정하기	창체(자율)
『혼자되었을 때 (보이는 것』 남찬숙, 미세기)	· 월드 카페하고 감상문 쓰기 · 친구들과 토의하고 내 생각과 비교하여 글쓰기 · 수많은 아이가 있는 학교에서 혼자 지내야 한다면?	창체(자율) '친구 사랑의 날'

생각을 넓고 깊게 하는 독서 토의 토론 수업을 해보자

독서 후 토의 토론은 유연하고 깊게 사고하는 힘을 길러준다. 교사가 선정한 필독 도서를 읽은 후 주제를 갖고 심도 있는 토의 토론을 해보자. 나는 2주에 1권 필독 도서를 읽게 한 뒤 2차시를 잡아 독서 골든벨, 독서 토론, 독서 논술의 순서로 독후 활동을 운영했다. 골든벨을 하면 아이들이 책을 정독한다. 골든벨을 울리는 빛나는 순간을 소망하며 정말 열심히 책을 읽고 온다. 마지막 문제를 통과하고 드디어 명예의 전당에 자기 이름의 열매가 붙으면 아이들은 금메달이라도 딴 듯 자랑스러워한다.

우리 반 아이들은 독서토론 시간을 설레며 기다렸고 토론 시간이 되면 열정적으로 참여했다. 때때로 토론 주제를 미리 알려주고 가족토론을 해보게 했다. 이후 학급토론으로 들어가면 그날 토론은 더욱 깊고 열띠게 이어졌다.

토론 후에 논술을 하면 아이들은 이미 논의된 주장과 근거를 바탕으로 어려워하지 않고 술술 글을 쓴다. 말이 글로 정제되어 단정하게 표현된 논술을 보면 교사로서 뿌듯함을 느낄 때가 많다.

고전은 시간의 검증을 통과한 훌륭한 책이다. 부모들은 고전이 좋다는 것은 알지만 가정에서 자녀에게 읽힐 엄두를 내지 못한다. 교사가 계획을 세워 독서교육을 하면 반 전체 학생이 모두 고전을 읽는다. 학교에서 고전을 함께 읽고 깊이 생각하면서 토론하는 수업을 하면 인류 보편의 가치와 철학이 아이들의 내면에 깊이 스며든다. 아이들의 지적 성장과 인격적 성장이 동시에 일어난다. 자녀의 변화를 본 학부모들은 고전 독서 수업을 진행한 교사에게 진정 어린 감사와 존경을 보내왔다.

| 독서 골든벨 명예의 전당 |

| 독서 토의토론 주제 목록 |

영역	학년	인문 고전 도서명	독서 토의 토론 주제
봉사·나눔	3~6학년	『사람은 무엇으로 사는가』	· 자신에게 가진 것이 넉넉하지 않을지라도 타인을 위해 베풀어야 할까? · 모든 사람의 마음 안에는 무엇이 있는가? 사람의 마음에 있어서는 안 되는 것은 무엇인가? 사람은 무엇으로 살아야 하는가?
봉사·나눔	3~6학년	『키다리 아저씨』	· 주디를 후원해 준 키다리 아저씨와 후원을 받은 주디 중 누가 더 행복할지 생각해 보자. 주는 것과 받는 것 중 어느 것이 더 행복한가?
법, 정의	4~6학년	『베니스의 상인』	· 악법도 법인가?
법, 정의	4~6학년	『장발장』	· 법과 원칙을 좇아 평생 장발장을 잡는 데 열정을 다한 형사의 삶은 비난받아야 하는가? · 이 책에서 가장 불쌍한 사람은 누구인가?
법, 정의	5~6학년	『안중근』	· 안중근 의사는 일본에 목숨을 구걸하지 않고 떳떳이 죽음을 맞이했다. 어차피 그 재판의 답은 정해져 있었음을 아셨고, 일본법으로 하는 부당한 재판 자체를 인정하고 싶지 않으셨기 때문이다. 안중근 의사가

			끝까지 최선을 다해 공소를 제기하여 스스로를 구하려고 노력했다면 안중근 의사와 나라에게 더 이익이 되지 않았을까?
법, 정의	5~6학년	『모비딕』	· 이성적이었던 스타벅은, 복수심에 불타 35명 선원의 목숨을 자신의 복수에 쓰려고 미쳐 날뛰는 에이허브 선장을 죽이고 자신과 모두를 살릴 기회가 있었다. 그때 스타벅은 에이허브를 죽여 자신과 다른 선원들의 생명을 구하는 것이 옳았을까?
법, 정의	4~6학년	『죄와 벌』	· 라스콜리니코프는 탐욕스럽고 가난한 사람들을 착취하던 노파를 죽이고, 그녀의 여동생 리자 베타를 살해했다. 두 사람을 잔인하게 죽인 데다가 그중 여동생 리자베타는 아무 죄가 없이 착하게 산 여인이었는데 죽이고 도끼를 숨긴 뒤 완전 범죄를 꿈꾸었다. 또한 반성은커녕 전당포 노파를 죽인 것이 자기가 사회 정의를 실현한 올바른 일이었다고 생각했다. 이 책에서 라스콜리니코프는 시베리아에서 8년 형을 선고 받았다. 두 사람을 죽인 라스콜리니코프는 사형을 당해야 마땅한가?
법, 정의	5~6학년	『한중록』	· 영조가 사도세자를 죽인 것은 나라를 위해 어쩔 수 없는 일이었나?
법, 정의	4~6학년	『임꺽정』, 『홍길동전』	· 임꺽정(홍길동)이 불평등한 사회에 대항하고, 가난한 사람을 돕기 위해 도적질을 한 것은 잘한 일인가?
선악, 성찰	5~6학년	『리어왕』	· 리어왕의 셋째 딸 코델리아는 언니들처럼 속이 뻔히 들여다보이는 거짓말을 하고 싶지 않았기 때문에 아버지에 대한 사랑은 자식이 된 도리일 뿐이며 결혼했으니 남편에게 애정을 쏟아야 한다고 말했다. 코델리아는 이 말로 아버지께 아무런 땅도 받을 수 없었고, 아버지를 화나게 했다. 선의의 거짓말은 필요한가?
선악, 성찰	4~6학년	『마지막 이벤트』	· 표시한 할아버지는 살아가는 동안 잘못을 뉘우쳤으나 가족들에게 진정으로 잘못했다고 얘기하지 못했다. 하지만 여자 수의까지 장만해서 가족들을 놀라게 한 할아버지의 행동은 진정한 뉘우침이라고 할 수 있는가?

선악, 성찰	4~6학년	『목걸이』	· 마틸드를 불행하게 한 것은 무엇인가?
우정	3~6학년	『어린 왕자』	· 이 책에서 어린 왕자는 자신을 힘들게 하던 꽃을 떠나 여행하다 다시 그 별로 돌아가겠다고 한다. 내가 어린 왕자라면 자신을 늘 피곤하게 만든 꽃이 있는 자신의 별로 돌아갈 것인가?
우정	2~6학년	『양파의 왕따일기』	· 왕따를 시켰던 아이는 왕따를 당해봐야 진정으로 뉘우칠까?
우정	4~6학년	『혼자되었을 때 보이는 것』	· 혼자되었을 때 가장 힘든 점은 무엇이고, 좋은 점은 무엇인가?
꿈, 진로, 도전	5~6학년	『꽃들에게 희망을』	· 꼭대기에 무엇이 있는지 모르기 때문에 다수의 애벌레를 따라 끝까지 올라간 호랑 애벌레의 행동은 옳은가?
꿈, 진로, 도전	3~6학년	『80일간의 세계일주』	· 포그가 80일간의 일주를 어떻게든 해보려 한 것은 돈보다 명예 때문이라고 한다. 그러나 여행 중 어려움은 큰돈을 척척 내며 해결했다. 그러나 또, 내기에서 이기고도 남은 돈은 거의 없고 아내와 명예를 얻게 되었다. 여러분은 돈과 명예, 둘 중 하나만 선택할 수 있다고 한다면 무엇을 선택할 것인가?
꿈, 진로, 도전	4~6학년	『로빈슨 크루소』	· 모험심이 가득한 로빈슨 크루소는 몇 번이나 죽을 고비를 넘기며 꿈을 이루기 위해 바다로 나간다. 부모님은 항해사가 되고 싶다는 로빈슨의 꿈을 반대하셨다. 부모님이 나의 꿈에 대해 반대하실 때 여러분은 부모님의 말씀을 들을 것인가? · 여러분이 무인도에 혼자 살게 된다면 어떤 점이 힘들고, 어떤 점이 좋을지 말해보라.
꿈, 진로, 도전	5~6학년	『노인과 바다』	· 노인 산티아고는 자신이 목표로 한 것을 이루고자 육체의 고통과 고독, 외로움 모든 것을 극복하고 결국 목표를 성취했다. 하지만, 결국 상어에게 다 뜯긴 뼈만 앙상한 물고기를 가져온 허무한 결말로 끝난다. 노인의 노력은 무모하고 어리석으며 현실감 없는 고집불통 집착이어서 노인의 삶은 무의미한 것이었을까?

가족, 사랑	1~6학년	『밤티마을 영미네 집』	· 내가 영미였다면 어떤 엄마를 선택했을까? 나는 나를 낳아주신 친엄마를 따라갔을까, 나를 정성껏 키워주신 팥쥐 엄마에게 남았을까?
가족, 사랑	3~6학년	『홍당무』	· 르픽 씨는 홍당무에게 스무 살이 되면 자유이니 그때는 가족과 인연을 끊고 살아도 내버려 둔다고 한다. 자라는 동안 끊임없이 구박과 설움을 받던 홍당무가 여러분이라면 스무 살에 가족과 인연을 끊는 것이 옳을까?
가족, 사랑	4~6학년	『사자왕 형제의 모험』	· 스코르판을 혼자 두고 들장미 골짜기에 중요한 임무를 수행하러 간 요나탄의 행동을 잘한 일인가? 가족을 돌보는 것과 국가를 위해 중요한 일을 수행하는 것 중 어느 것이 더 중요할까?
약속, 의리	3~6학년	『톰 소여의 모험』	· 공동묘지에서 살인사건을 목격한 아이들은 혈서를 쓰며 본 것을 절대 말하지 않기로 약속한다. 그런데 머프 포터가 억울하게 살인 누명을 쓰자 톰은 약속을 어기고 재판에서 진실을 말한다. 약속을 지키는 것과 진실을 말하는 것 중 어느 것이 더 중요한가?
규칙, 성장	3~6학년	『내이름은 삐삐 롱스타킹』	· 버릇없고 자유로운 삐삐는 학교에 다녀야 하나?
규칙, 성장	3~6학년	『빨강 연필』	· 나에게 '빨강 연필'이 생긴다면 나는 계속 사용할 것인가? 버릴 것인가?
과학 윤리	4~6학년	『복제인간 윤봉구』	· '생명 복제'에 관한 연구는 계속되어야 하는가?

독서 토의 토론을 할 때는 원형으로 앉으면 좋다

찬성과 반대를 결정한 아이들은 큰 원을 만들어 앉는다. 책상은 교실 바깥으로 빼고 의자만 배치한다. 찬성팀은 창가 쪽, 반대 팀은

| 원형으로 앉아 하는 독서 토의 토론 |

복도 쪽으로 큰 원을 반씩 차지하며 마주 앉는다. 찬성과 반대 인원이 딱 절반이 아니더라도 서로 마주 보고 앉는 형태가 되어 찬반 구별이 명확히 된다. 원형으로 앉아 토의 토론을 할 때 아이들은 훨씬 자유롭게 말하고 경청의 집중도도 높다. 원형 자리 배열 자체는 토의 토론 수업의 촉진제가 된다.

독서교육은 언제나 좋은 수업 콘텐츠다

매년 학부모 수업 공개 수업 날이 있다. 교사로서는 부담스러운 날이다. 우리 반의 특성이 고스란히 드러난다. 이런 날은 학부모와 아이들 모두 행복해지는 수업을 하길 추천한다. 학생도 발표를 골고루 하면서 학부모도 기분 좋은 공개 수업은 뒷맛이 개운하다.

3학년 예시를 살펴보자.

3학년 1학기 국어 4단원 '내 마음을 편지에 담아'에서는 '마음이 잘 드러나게 편지 쓰는 방법 익히기' 시간이 있다. 국어책에는 리디아 정원의 일부가 들어 있다. 공개 수업 일주일 전에 세라 스튜어트의 『리디아의 정원』을 반 아이들과 함께 온 책 읽기를 했다. 편지 쓰는 방법을 익히며 '리디아에게 마음을 담아 편지'도 썼다.

이 책은 국어 단원뿐만 아니라 3학년 도덕과 수업 '생활 속에서 가족에게 고마웠던 일을 찾아 감사 카드 쓰기'와도 연계할 수 있다. 『리디아의 정원』을 활용한 학부모 수업을 공개했다. 아이들과 부모님들은 눈이 촉촉해지며 울먹거렸다. 아이들 모두 편지를 읽으니 수업 시간은 순식간에 흘러갔고, 수업 준비 부담은 없으나 알차고 의미 있는 수업이 되었다. 독서교육은 언제나 좋은 수업 콘텐츠다.

아이들 스스로 책을 읽게 하자

❶ **담임 발표가 나자마자 1년 동안 함께 읽을 '필독 도서 목록'을 작성하자**

인문 고전 도서와 창작 도서를 섞어 재미와 지혜를 동시에 잡을 수 있는 책을 선정하자.

❷ **교실을 작은 북카페로 만들자**

교사가 읽은 책, 아이들이 친구들에게 권하고 싶은 책들을 교실 여기저기에 비치하자.

❸ **책을 생활지도와 인성 지도에 활용하자**

우리 반의 인성, 생활지도에 필요한 책을 읽게 하고 활용하자.

❹ **매일 독서할 시간을 확보하게 하자**

학기 초부터 알림장을 활용해 '독서 15분'을 시작하자.

❺ **독서 토의 토론 수업을 하자**

독서 토의 토론은 아이들이 보다 깊게 사고하는 힘을 길러준다.

5부

공부, 배움의 시작과 끝

12장
배움 공책으로 저절로 되는 '공부'

배운 것에 대해 생각을 정리해야 제대로 알게 된다.
한 문장으로 정리하라.

– 아사다 스구루, 『한 줄 정리의 힘』(2019)

스승의 날이 되면 작년에 가르쳤던 아이들이 찾아와서 편지를 주고 간다. 아이들 마음에는 내가 무엇을 가르쳐준 선생님으로 기억될까?

"선생님 덕분에 학교랑 학원에서 노트 정리도 더 깔끔하게 하고 있어요. 배움 공책을 쓰다 보니까 저절로 기억이 잘 돼서 마법처럼 공부가 잘돼요. 선생님은 마법사예요? 절대로 선생님을 까먹지 않겠습니다!"

학습지, 워크북, 활동 위주의 수업은 지식을 구조화하는 과정이 약하다. 아이들은 새로 배운 어휘, 개념, 공식, 풀이 방법, 창의적인 생각 등을 배움 공책에 쓰면서 스스로 사고하는 능력을 기른다. 배움 공책 쓰면서 공부가 저절로 되었다는 아이 덕분에 나는 마법사가 되었다.

"배움 공책을 쓰며 공부가 저절로 되게 하자." ♡

기록의 기술과 습관은 제자에게 줄 수 있는 위대한 유산이다

강규형 대표는 『바인더의 힘』(2013)에서 '적자생존'이라는 말을 사용했다. '적자생존(適者生存, 환경에 적응하는 생물만 살아남는다)'을 재치 있게 응용해 만든 말로 '메모하고 적는 자만이 살아남을 수 있다'는 뜻이다.

'기록학'이라는 학문 분야도 있다. 기록학의 핵심 역량은 기록을 통해 창의적인 사고를 할 수 있는 '내면의 생각을 끌어내는 것'이다. 초등학생부터 익힌 기록의 습관은 평생 쓸 수 있는 소중한 자산이 된다.

배움 공책을 쓰다 보면 공부가 저절로 된다

기록은 아이들의 머릿속에 배운 것을 형형색색 물들여 지적인 보물 창고를 만든다. 학생들이 배움 공책을 기록하면 수업 내용을 다시 생각하고 복습할 수 있어 공부가 저절로 된다.

공부는 하는 것이 아니다. 공부가 저절로 되어야 자기 것이 된다. 『한 줄 정리의 힘』(2019) 저자 아사다 스구루(淺田 すぐる)는 "책의 내용을 능동적으로 머릿속에 입력하고 책의 키워드를 잘게 씹어서 자기 나름대로 재구성하지 않으면 구체적인 내용을 떠올릴 수 없다"라고 말했다.

짐 퀵(Jim Kwik)은 『마지막 몰입』(2021)에서 필기의 이점을 이렇게 정의했다. "필기의 가장 큰 이점은 간직해야 할 정보를 자신의 어휘와 사고방식에 맞춰 바꿔 쓰는 과정에서 내용을 소화한다는 점이다." 언어 학자 '이마이 무쓰미(今井 むつみ)'는 책 『배움이란 무엇인가』(2021)에서 "배움이란 스스로 문제를 발견하고 생각하고 해결책을 모색한다"라고 말했다.

학생들은 그 시간에 배운 핵심 단어도 적고, 질문할 것, 생각한 것, 실천할 것과 해결책을 생각하면서 창의적인 생각의 근육을 자기도 모르는 사이 키운다.

보고 들은 지식은 휘발되기 쉽다. 학습한 것을 요약하고 사고의 과정을 거쳐 모르는 것을 질문하고 창의적인 생각을 할 때 지식은 저절로 암기되어 완전히 자기 것이 된다.

학기 초 준비물 목록에 공책을 자세히 안내하자

잘 '기록하기' 위해서는 학년 수준과 개인 수준에 맞는 공책도 필요하다. 학년 배정이 되면 학기 초 학습 준비물을 구체적으로 안내하자.

① 1학년은 10칸 15줄, 일명 깍두기 공책.

② 2학년은 제목이 없는 15줄 공책.

③ 중학년인 3~4학년은 18줄~21줄 공책.

④ 고학년인 5~6학년은 21줄~25줄 공책.

초등학교 공책의 두께는 30쪽 내외가 적당하다.

코넬식 노트 정리법으로 학습 내용을 정리하자

교사만의 노트 정리법을 가르치고 일관성 있게 지도하면 좋다. 나는 코넬식 노트 정리법을 활용했다. '코넬식 노트 필기법'은 미국 코넬 대학교 교육학과의 퍼크(Walter Pauk) 교수가 제자들을 가르치고 관찰하며 개발한 필기법으로 '5Re'라고 불린다.*

코넬식 노트 필기법은 단순히 기록하고 요약하는 데서 그치지 않고, 원래 알고 있었던 내용과 모르는 것을 질문하고 알게 된 지식, 그리고 수업 시간에 배운 내용을 연결해 생각하는 지식의 융합 과정에 초점을 맞춘 필기법이다. 이 필기법은 궁극적으로 무작정 외우게 하는 주입식 공부가 아니라 모르는 것을 질문하고 스스로 해답을 찾으며 생각하게 한다.

노트 정리법은 '아이캔유니버스' 대표 김익한 교수의 〈필기, 제발 이 방법으로 하세요〉(2022.11.10)와 '공신닷컴' 대표 강성태의 〈진짜 코넬식 노트법〉(2020.8.19) 강의 영상을 참고하면 도움이 된다.

수준에 맞는 필기법을 가르치고
배움 공책을 활용하자

코넬식 노트는 크게 네 칸, 상단·좌측·우측·하단으로 구획을 나눈다.

---

* '5Re'는 기록하기(Record), 요약·질문하기(Reduce), 암송하기(Recite), 생각하기(Reflect), 복습하기(Review)를 의미한다.

| 코넬의 5Re |

코넬의 5Re	해석	학습 방법
Recode	기록하기	강의의 중요한 내용만 필기하기
Reduce	요약·질문하기	질문과 요약 단서 칸과 요약 칸에 적기
Recite	암송하기	단서 칸을 보며 소리 내어 읽기
Reflect	생각하기	이전에 배운 내용과 연결시키기
Review	복습하기	반복해 학습하기

| 코넬 노트 필기법 |

순서 ① 날짜 / 과목 수업 시작 전	
순서 ① 학습 주제: 직각삼각형 알기 수업 시작 전	
순서 ③ 핵심어 수업 후	순서 ② ✔ 나만의 방식으로 수업 내용 적기 ✔ 수업 중 선생님이 말한 내용 + 판서한 내용 ✔ 기억에 오래 남게 그림과 도형으로 그리기 ✔ ~함, ~씀, ~음으로 명료하게 적기
순서 ④ 요약 수업 후	✔ 오늘 배운 것 + 내가 기존에 알고 있던 내용을 통합하여 생각하고 깨달은 내용 쓰기 ✔ 요약만 보고도 수업 내용 다 알 수 있도록 정리(√2줄 내외)

상단은 제목, 우측은 필기, 좌측은 키워드, 하단은 요약 칸으로, 제일 큰 건 우측의 필기 칸이다.

순서 ① | 날짜와 과목, 학습 주제 쓰기

수업을 시작하면서 아이들과 함께 주제를 말해보고 쓰면 좋다. 우리 반은 학생 한 명의 공책을 실물 화상기에 놓고 날짜, 과목, 학습 주제를 쓴다.

순서 ② ┃ 수업내용을 자유롭게 기록하기

교과서의 핵심 단어와 핵심 문장을 요약한다.

순서 ③ ┃ 해당 차시의 핵심어 쓰기

수업이 끝나고 쓰는 칸이지만 우리 반은 수업 시간에 쓸 때도 있다.

순서 ④ ┃ 수업을 마치고 요약하고 자기의 생각 쓰기

학생들의 사고력 향상을 위해 수업 끝나기 5분 전에 학생들 스스로 자기 생각을 한 문장으로 쓰게 하면 좋다. 학생들의 창의적 생각이 나무줄기처럼 쭉쭉 뻗어나가는 시간이다. 우리 반은 순서 ④의 이름을 '생각 씨앗'이라 정했다.

배움 공책 정리 시간은 수업을 마치기 전 5분 내외가 적당하다

매 차시 수업을 정리할 때 활용하는 배움 공책은 아이들 스스로 무엇을 배웠고 무엇을 느꼈는지 '생각을 모으는 시간'이다. 수업을 마치기 전 약 5분 정도 시간이 필요하다. 예를 들어 1학년인 경우는 한 글자, '가 자로 시작하는 말 쓰기'이고, 3학년이 배운 내용은 '한 문장 내지 두 문장'이 될 수 있다.

수학 시간에는 배움 공책이 그 힘을 더 크게 발휘했다. 순서 ④ '생각 씨앗' 부분에 '나만의 문제'라는 코너를 만들어 학생들 스스로 학습 문제를 배움 공책에 내고 문제를 풀면서 확실한 수학 용어와 풀이법을 익혔다.

실물 화상기로 '자세하게! 꼼꼼하게! 천천히!' 지도하자

학기 초에 공책 작성을 시켜보면 쓰는 것을 싫어하고 버거워하는 학생도 있다. 처음에 교사는 학생들이 어려워하지 않게 자세하고 꼼꼼하게 천천히 가르쳐야 한다. 실물 화상기에 앞에 공책을 놓고 써가면서 쓰는 법을 지도하자.

학기 초 과목별로 1차시에 과목마다 가르치면 대부분 학생은 공책 정리를 잘한다. 수업 시간마다 교사는 눈과 손을 바삐 움직이며 늦게 배우는 학생을 지도해야 한다. 학기 초에 여러 번 지도하면 학생들은 많은 발전을 보인다. 아이들은 배움 공책 쓰기를 통해 학습에 재미를 느끼며 능동적 학습자로 바뀐다.

이때 교사는 교직 생활에 보람과 존재 의미를 느낀다. 수업 시간에 딴짓하던 학생이 어느 날 집중하는 모습을 보이면 교사는 감동한다. 이 맛에 교사는 '힘들다, 힘들다' 하면서도 학생들 곁에서 떠나지 못하는 건 아닐까?

| 배움 공책에 대해 쓴 3학년 아이의 글 |

배움 공책은 귀찮고 쓰기 싫다. 배움 공책은 때로는 짜증난다. 하지만, 배움 공책은 단점보다 장점이 더 많다.
- 배움 공책은 복습할 때 좋다.
- 배움 공책은 간추리기 연습에 좋다.
- 배움 공책은 우리가 쓰는 것이라서 그 과목의 내용이 더 기억에 남게 한다.

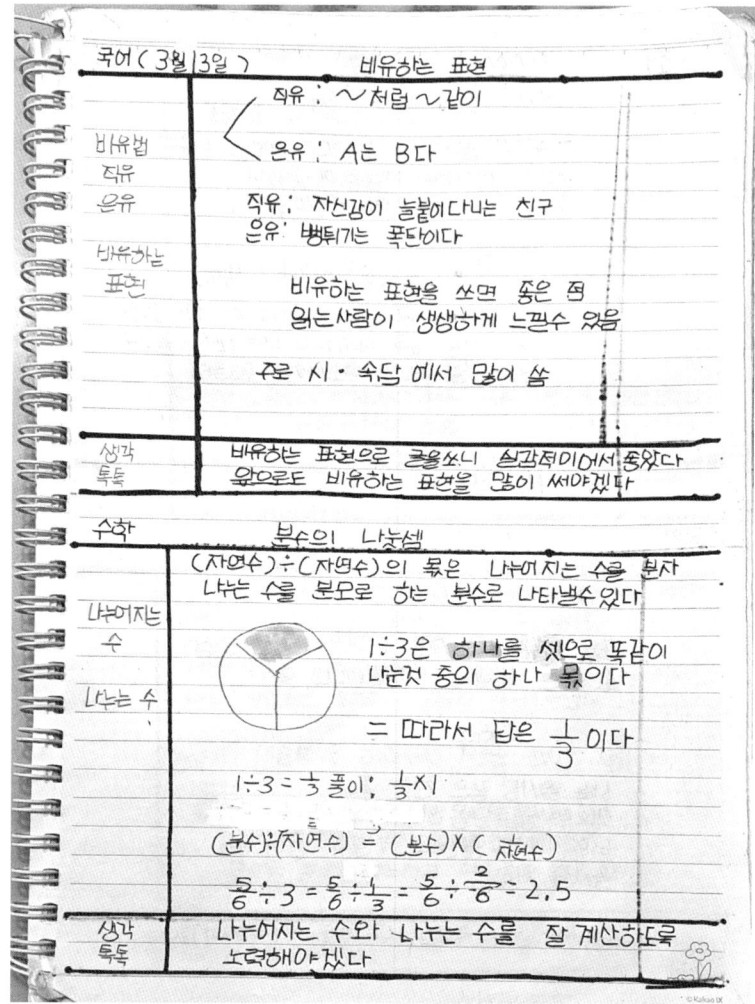

교사가 조금이라도 부담되는 일은 꼭 필요하지 않다면 과감히 정리할 필요가 있다. 올해 나는 학습지를 줄였다. 배움 공책을 쓰면서 더 바빠졌기 때문이다. 학습지를 점검하는 시간을 줄이는 대신 수업 시간에 학생들의 발표와 공책 정리를 꼼꼼하게 봐주었다. 학생들은 학습지보다는 공책 정리를 더 선호했다. 공부한 내용이 기억에 더 많이 남는다고 자주 말하기도 했다.

피드백은 짝꿍·학부모와 나누자

배움 공책은 매 차시 짝꿍끼리 검사를 하고 매일 학부모가 검사하면 좋다. 성실하게 잘 쓴 공책은 실물 화상기를 이용해 보여주자. 때로는 교사의 가르침보다 친구에게 배우는 것이 효과가 크다. 학부모가 검사하면 더 꼼꼼하게 읽고 자녀에게 지도해 준다.

미국의 아동문학가 클레먼츠(Andrew Clements)는 『프린들 주세요』(2001)에서 그레인저 선생님도 학습 결과물을 집에 가져가서 '부모님의 사인'을 받게 했다.

…… 수업이 끝나면 아이들은 그 카드를 집에 가져가서 부모님의 사인을 받아, 이튿날 선생님에게 갖다드려야 한다.

– 앤드루 클레먼츠, 『프린들 주세요』(2001)

학생들의 성장과 발전은 교사 혼자 할 때보다 학부모와 협력할 때 훨씬 빠르다. 교사는 한 달에 한두 번 정도 공책을 검사하자. 나는 매월 말에 한 번씩 배움 공책을 가정에 보내 학부모도 자녀에게 격려의 말을 쓰게 했다.

'배움 공책'으로 공부가 저절로 되게 하자

❶ 제자에게 줄 수 있는 위대한 유산 '기록 습관'을 지도하자
차시별 핵심을 정리하고 기억하며 창의적인 생각할 수 있도록 배움 공책을 쓰게 하자.

❷ 학년 수준에 딱 맞는 공책을 준비하자
학기 초 준비물 목록에 학년 수준을 고려한 공책을 안내하자.

❸ 배움 공책 정리법을 가르치고 일관성 있게 지도하자
'기록하기, 요약·질문하기, 암송하기, 생각하기, 복습하기' 다섯 가지 영역을 다루는 코넬식 노트 필기법은 학생들의 학업 성취도 향상에 많은 도움이 된다.

❹ 아이들 스스로 배움과 생각을 정리하게 하자
수업이 끝나면 배운 것과 자신의 생각을 융합할 시간이 필요하다. 생각을 정리하는 5분의 시간을 주자.

❺ 배움 공책 검사는 짝끼리 ➔ 학부모 ➔ 교사의 순으로 하자
배움 공책을 교사가 일일이 검사하지는 말자. 짝꿍끼리 확인하고 2주에 한 번 정도 학부모에게 검사받게 하자.

13장

'아침 글쓰기'로 생각과 감정 표현하기

글을 쓰게 하는 까닭은 삶을 풍부하게 해주기 위해서다.
삶을 북돋우는 일, 그것이 글쓰기의 출발점이자
마지막 도달점이다.

– 이오덕, 『삶을 가꾸는 글쓰기 교육』(2004)

"선생님, 무슨 공책을 그렇게 열심히 검사하고 계세요?"
"우리 반 글쓰기 공책이에요."
"혹시 제가 공책 봐도 될까요?"
"네~ 보세요."
"어쩜 아이들이 이렇게 글을 잘 써요? 저는 글쓰기 지도가 제일
어렵던데……. 무슨 특별한 비법이 있는 거 아니에요?"

"아침 글쓰기를 통해 아이들의 삶을 북돋아 주자."

글쓰기는 단단한 사람으로 살아가는 밑거름이 된다

『쓰면서 자라는 아이들』(2022)을 쓴 작가 한미화는 "어린이들에게 쓰기를 가르치는 이유는 감정과 생각을 글로 써낼 수 있는 사람으로 키우고자 함이다"라고 말했다. 생각과 감정을 정리하는 글쓰기는 결국 자신의 삶을 가꾸는 사람으로 성장할 수 있는 밑거름이 된다.

결국 우리의 사고는 언어를 통해 이뤄지며 깊게 생각하려면 글을 쓸 수 있는 사람이 되어야 한다. 그래서 '아침 글쓰기 10분'은 꼭 필요하다. 아이들은 10분 동안 자신에 대한 감정을 들여다보고 자기 행동을 뒤돌아보면서, 친구와 가족, 선생님 입장에서도 깊이 생각한다.

아이들에게 글쓰기를 어떻게 가르칠까?

우리글 진흥원 교수 이가령은 『싱싱 글쓰기』(2014)에서 "좋은 글은 좋은 삶에서 나옵니다. 좋은 글은 너울너울 물결치는 감성을 편안한 상태에서 스스럼없이 쓸 수 있을 때 나옵니다. …… 정직하고 자유롭게 자기 삶을 있는 그대로 쓰는 글쓰기로 충분합니다"라고 글쓰기를 정의했다.

교사는 아침 10분 동안 아이들이 편안한 분위기에서 경험한 것을 바탕으로 자신의 생각을 솔직하게 표현하는 글쓰기를 격려하면 된다. 보통 주제를 주면 아이들은 나열하듯이 글을 쓴다. 글쓰기는 단순히 글의 나열이 아니라 사고의 확장이다. 깊이 있는 사고 없이 나열식으로 쓰는 글은 발전이 없다.

좋은 글은 솔직하고 자세하게 쓰는 글이다. 하나의 장면이나 사건을 떠올리고 오감을 동원하여 한 일을 자세히 써보라고 한다. 글을 읽는 사람이 글 속의 장면을 사진처럼 떠올릴 수 있게 쓴다면 잘 쓴 글이다.

아나바다 행사를 했으면 솔직하고 자세하게 글을 쓰게 하고 잘 쓴 글을 소개해 주면 아이들이 까르르 웃는다.

> "얘들아, 어제 아나바다 시장 했지?
> 기억에 남는 장면을 글로 써보자."

학교생활에서 같이 경험한 주제를 제시하자

전날 학급에서 같이 경험한 학습 활동이나 생활이 주제가 되면 아이들은 꾸밈없고 솔직하며 생생한 글을 술술 쓴다. 예를 들면 '아나바다 장터', '수채화 그리기', '사슴벌레 사육 상자가 온 날', '배추흰나비가 나온 날', '짝꿍 바꾼 날', '체험학습을 다녀와서' 등등 수업 활동이나 학교생활 이야기 모두가 글쓰기 주제로 좋다.

교사는 퇴근 전에 오늘 했던 학급 활동 중 하나를 골라 주제로 칠판에 써놓자. 주제가 딱히 없을 땐 '자유' 주제를 낸다. 아이들과 함께 주제를 정하면 기발한 것이 나오기도 한다.

매일 아침, 함께 글쓰기를 하자

글쓰기가 습관으로 자리 잡히려면 매일 아침 정해진 시간에 함께 쓰는 것이 중요하다. 우리 반의 정해진 시간은 8시 50분이다. 아침에 학교에 오면 교과서와 그날 필요한 준비물을 서랍에 정리하고 과제물을 제출한 뒤 바로 자리에 앉아 아침 글쓰기를 시작한다. 특히 3월 한 달은 아침 글쓰기 활동이 학급에 뿌리를 내리는 중요한 시기다. 1년 동안 꾸준히 10분씩 글쓰기를 하면 생각을 글로 정리하는 힘이 저절로 길러진다.

글쓰기 주제의 예시를 살펴보자

영역	글쓰기 주제
자아	· 나부터 잘하자, 나의 공부 방법, 내가 성장한 점과 내가 채워야 할 점, 요즘 기쁜 일, 요즘 감사한 일, 슬픈 일, 힘든 일, 걱정 인형에게 털어놓고 싶은 비밀은?, 한 학기를 되돌아보며 미안해·고마워·사랑해 마음 전하기, 내가 찍고 싶은 사진, 나의 언어생활 반성, 나의 좋은 습관은?, 내가 좀 멋있을 때, 나에게 날개가 있다면, 나의 방과 후 생활을 알려줄게, 나에게 소중한 것, 남들이 모르는 나만의 자랑, '나'를 색으로 표현한다면?, 내가 출연하고 싶은 TV 프로그램과 그 이유는?
학교	· 새 학년 첫날, 우리 학교 산수유, 학부모 공개 수업, 시험, 현장체험학습, 배추흰나비 탄생, 전학 가는 친구 환송회, 개학, 사이좋게 지내려면 어떻게 해야 할까?, 내가 닮고 싶은 친구, 어색하지 않게 친구에게 다가가는 방법, 우리 반이 발전한 점, 나의 새 짝꿍, 우리 학교 급식에서 최고의 메뉴, 내가 만든 시간표, 친구와 화해하는 꿀팁, 내가 선생님이라면?, 우리 반에서 제일 칭찬할 만한 친구, 안전교육, 우리 선생님의 비밀, 우정을 지키려면?, '우리 선생님'을 색으로 표현한다면?

가정	· 오늘 아침밥은? 나의 ○○한 주말, 우리 집 자랑거리, 우리 가족을 소개합니다, 집안일하고 받은 느낌, 크리스마스에 받고 싶은 선물, 부모님께 하고 싶은 말, 부모님께 듣고 싶은 말, 우리 집 가훈
세상	· 오늘 학교 오늘 길에 본 것, 들은 것, 느낀 것, 인종차별에 대한 내 생각, 지구를 살릴 수 있는 나만의 방법, 국내외 여행 추천, 동네 맛집 소개하기, 요즘 내가 즐겨 먹는 간식은?, 내가 꿈꾸는 마을, 내가 키우고 싶은 반려 동식물, 비오는 날
인문·철학	· 인간은 선한 존재일까? 악한 존재일까?, 사람은 무엇으로 사는가, 나는 어떤 부모가 될 것인가?, 나만의 소확행, 세상에서 사라지지 않는 것, 인생 책 소개하기, 산타클로스는 있을까?, 멋진 어른이란?, 살아 있다는 것은, 경청이란(매주 덕목을 가르치고 아이들 생각 쓰기)

아침 글쓰기 공책에서 아이들의 속마음을 파악하자

아침 글쓰기 검사로 교사는 전날 수업과 생활에 대한 학생들의 생각을 피드백 받는다. 아이들의 글을 읽다 보면, 교사는 좋은 수업 콘텐츠였다고 생각했는데 아이들은 이해하지 못하거나 요즘 아이들의 감각에 맞지 않았다는 사실을 깨닫기도 한다. 아이들끼리만 있었던 시간 속 이야기에서 갈등의 씨앗도 발견하고 조기에 해결할 수 있는 실마리도 찾는다. 조용해서 존재감이 작았던 아이가 안 보이는 곳에서 적극적으로 선한 행동을 했다는 사실을 알게 되기도 한다. 또, 글쓰기 공책은 사춘기에 접어든 아이들과 담임교사의 고민 상담 창구로 이용되기도 한다.

주제: 명화 그리기

오늘 나는 미술 시간에 명화를 그렸다. 정확히 말하면 명화 목판 조각 붙이기다. 사실 재미없었다. 사포질이 더 재미있었다. 그냥 다음엔 하기 싫다.

- 3학년 아이의 글

➜ 내년에는 학습준비물에서 명화 목판은 사지 말아야지!

주제: 최악의 공부

오늘 나는 밤 12시에 갑자기 엄마가 공부하자고 했다. 나는 깜짝 놀라 뭐라고 말할지 모르게 됐다. 난 내일 수학 단원평가를 위해 공부를 했다. 엄마가 때리고 화내고 그래서 나는 울고 무서웠다. 엄마를 아동학대로 신고하고 싶었다.

- 2학년 아이의 글

➜ 많이 속상하고 힘들었겠다. 엄마도 화내지 않고 잘 알려주시면 좋았을 텐데.

주제: 나의 고민

나는 고민이 있다. 학원이랑 수업이 너무 많다. 피아노, 미술, 영어, 축구, 수영, 플라톤, 구몬, 씨멕스, 등등. 엄마한테 빼달라고 할까?

아니야. 화내실 거야 ⋯⋯ 월: 축구, 구몬, 씨멕스, 화: 플라톤, 피
아노, 수영 ⋯⋯ 금: 영어, 씨멕스까지 내 학원 시간표 때문에 내가
점점 작아지는 것 같다.

- 4학년 아이의 글

➔ 윤한이 부모님께 전화해서 아이의 속마음을 전달해
주고, 학원을 조금 줄여줘야지!

아침 글쓰기를 학급 친구들과 공유하자

틈틈이 서로의 글을 공유하는 시간을 갖자. 아이들에게는 교사가
자신의 글을 읽어준다는 사실만으로도 행복한 경험이 된다. 자기의
글을 스스로 읽고 친구의 글도 들으면서 글쓰기에 대한 두려움이
사라진다. 같은 주제로 쓴 친구들의 다양한 생각을 들으면서 아이
들마다 생각 주머니도 커진다. 읽어준 뒤 친구의 글 중 어떤 부분이
좋았는지 감상평을 이야기해 보자. 교사가 학생의 글을 칭찬하는
것보다 학생들 스스로 글을 분석해 보고 잘된 점을 찾아보게 하는
활동이 글쓰기 실력을 키우는 데 도움이 된다.

아이들이 쓴 글을 골고루 읽어주자

예를 들어, 월요일에는 1 모둠, 화요일은 2 모둠 ⋯⋯, 이런 식으로
아이들의 글을 읽어주거나 발표시키는 방법도 있다. 교사의 이런

배려는 적극적인 아이들의 글만 공유되는 것이 아니라 소극적인 아이들의 글도 함께 나눌 수 있어 모두가 행복한 시간을 만들어준다. 교사는 공개 전에 학생의 동의를 구해야 한다. 사적인 영역이 공개되는 것을 부담스러워하는 학생도 간혹 있기 때문이다.

맞춤법이나 틀린 문장은 고쳐주지 않는다

자신의 이야기를 글로 쓸 때 교사의 교정이 들어갈 것이라 여겨지면 아이들은 생각이 막히게 된다. 가능한 한 아이들의 글에 손을 대지 않아야 솔직한 글쓰기가 된다. 자기 자신의 말로, 살아 있는 일상의 말로 쓰게 한다. 멋지게 꾸미는 세련된 글이 아닌 아이들의 마음에서 날것으로 올라오는 말들을 거침없이 적어보게 한다. 솔직한 글을 자주 소개하고 교사가 적극적으로 칭찬해 줘서 아이들의 글이 아이답게 꾸밈없이 나오도록 이끌어보자.

교사의 피드백이 중요하다

아이들에게 한 줄만 써도 괜찮다고 말하자. 아침 글쓰기 활동을 할 때, 교사의 격려로 아이들이 자신의 생각을 마음껏 표현하고, 글쓰는 즐거움에 흠뻑 빠지게 하자. 교사는 매일 도장을 찍어주거나 밑줄을 긋는 것으로라도 꼭 확인해야 한다. 밑줄은 공감이며 지지이고 칭찬이다.

아침에 쓴 글은 검사 후 다음 날 돌려주면 아이들은 교사의 피드백을 확인한다. 교사는 아이들의 점검자이며 동시에 응원자다. 교사의 꾸준한 관심과 검사는 아이들의 삶을 격려하고 자존감을 키워준다. 댓글을 매일매일 써주는 교사도 있다. 나는 그런 교사처럼 할 수 없어서 도장과 밑줄만으로 피드백을 한다. 웃는 얼굴, 우는 얼굴, 놀란 얼굴 등의 이모티콘으로 공감해 주기도 한다. 가끔 심쿵하거나 솔직한 아이들의 글은 수업자료로 활용한다. 격한 칭찬도 아끼지 않는다.

학부모에게 피드백을 받자

아이들의 글쓰기 공책은 매일 흰 종이에 수를 놓듯 한 줄 한 줄 쓴 소중한 보물이다. 아이들은 글쓰기 공책을 집에 가지고 가서 자랑하고 싶어한다. 가정에서 학부모들이 자녀의 글쓰기 공책을 보면서 칭찬도 하고 고민도 도란도란 나눌 수 있는 시간을 주자.

나는 학기 초 학부모총회에서 글쓰기 공책 피드백에 관해 설명했다. 학부모들은 피드백을 정성껏 해주었다. 교사는 일일이 코멘트를 달아줄 시간이 거의 없다. 학부모와 일을 나누자. 가정과 학교가 연계한 교육이란 바로 이런 것 아닐까?

| 글쓰기 공책에 대한 학부모 피드백 |

> 엄마: 오랜만에 아침 글쓰기 공책을 읽어 보니 딱지를 갖고 싶은 주현이의 마음,
> 새로운 장소에 가거나 새로운 메뉴를 먹어보는 경험을 했을 때의 기분,
> 학교에서 친구들이 하는 말이나 행동에 대한 너의 생각, 그리고 작은
> 일에 감사하기도 하고, 별 것 아닌 불편한 일은 대수롭지 않게 넘기는
> 주현이에 대해서 엄마도 조금 더 알게 되었어요. 그렇지만,
> 이 모든 것을 다 잊을 만큼 정말 많이 웃었어요. 정말 재미있어

| 읽다 보면 교사가 행복한 아침 글쓰기 공책 |

주제: 난 선생님이 좋아요

난 선생님이 좋아요.
왜냐하면 말벌을 빗자루로 잡았어요.
난 선생님이 좋아요.
왜냐하면 선생님은 언제든 친절하려고 노력해요.

- 1학년 아이의 글

➜ 보고 느낀 대로 쓰고 그리는 1학년 글쓰기는 재미와
  감동을 준다.

주제: 2학기 종업식

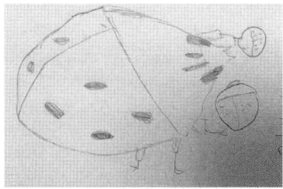

무당벌레는 겨울에 모여 잡니다.
그러므로 선생님과 우리 모두 작별해도
마음은 한곳으로 모였습니다.
우리는 따뜻해요.

- 4학년 아이의 글

➜ 아쉬운 작별의 날, 추위를 녹여주었던 시 한 편으로
  선생님은 190일의 고단함을 잊었다.

주제: 가장 멋진 브랜드
가장 멋진 브랜드는 구찌나 샤넬 같은 것이 아니다.
가장 멋진 브랜드는 자신감이다.
아무리 명품으로 치장을 해도 자신감이 없다면 싸구려처럼
보일 것이다.

- 6학년 아이의 글

➜ 외모에 고민이 많은 사춘기 아이들에게 자존감 교육을
  한 뒤 쓴 글을 보며 보람을 느꼈다.

주제: 롤링페이퍼

어제는 롤링페이퍼 활동을 했다. 이것은 롤링페이퍼에다가 친구에 대한 칭찬을 쓰는 것이었다. 나는 다행히 모두의 장점을 알고 있었다. 하지만 대부분 남자에게는 '너는 사람들을 웃게 하는 재주가 있어'라고 쓴 것이 후회된다. 왜냐하면 모두가 다 다른 더 좋은 그때 생각하지 못한 장점이 있기 때문이다. 나는 내가 다시 쓴다면 더 다양하게 구체적으로 썼을 것 같다. 예를 들어 제유라면, '너는 우정을 되게 잘 만드는 친구야. 너는 2학기에 전학을 왔는데도 친구가 많잖아. 너는 긍정적이고 리더쉽이 있어. 언제나 친구들을 웃게 하지. 너는 멋진 친구야'라고 다시 기회가 오면 쓰고 싶다. 구체적으로 안 쓴 것이 후회된다.

- 3학년 아이의 글

➔ 다음에 롤링페이퍼 돌리기 전 이 글을 읽어주리라!

주제: 사라질 직업, 생겨날 직업

의사… 의사는 빨리 사라졌으면 좋겠다. 할머니께서 뭐만 하면 의사를 하라고 시키시기 때문이다. 보통의 체력과 지식만 있어도 돈을 많이 벌 수 있는 직업이 생겼으면 좋겠다.

- 5학년 아이의 글

➔ 할머니와 손자가 장래희망을 두고 의견이 다른 모습이 떠올라 재미있고 정겹다.

주제: 아침 글쓰기 주제

"선생님, 저는 오늘 학교에 올 때 아침 글쓰기 주제가 무엇일까 궁금했어요. 미술 시간 물 쏟은 이야기일까? 청소 시간 장난친 이 야기일까? 강낭콩 줄기 꺾인 사건 이야기일까? 아침 글쓰기 주제 가 궁금해서 막 달려왔어요."

— 4학년 아이의 글

➜ 지겨운 글쓰기라고 싫어할 것 같은 남학생도 글쓰기 맛 에 빠졌군! 힘들어도 아침 글쓰기를 해야겠어!

주제: 나를 색으로 표현한다면?

나는 노랑색이다. 왜냐하면 나는 항상 마음에 노란빛을 띄우는 자신감과 용기가 있기 때문이다. 항상 이런 밝은 모습으로 다닐 수 있는 이유는 엄마가 내가 슬플 때마다 그 밝은 조각이 위로 가 되면서 밝은 나로 성장했기 때문이다.

— 6학년 아이의 글

➜ 엄마의 포근한 사랑으로 씩씩하게 커가는 아이의 모습 에 나도 따뜻한 노란빛 박수를 보내고 싶다.

'아침 글쓰기'로 아이들 삶을 북돋우자!

❶ 글쓰기는 매일 정해진 시간에 밥 먹듯 양치하듯이 해야 한다

매일 한 줄이라도 글을 계속 쓰다 보면 글쓰기 근육이 늘어난다.

❷ 글쓰기는 한 줄에서 시작하자

글쓰기가 두렵지 않아야 한다. 한 줄로 부담 없이 시작해 늘려가도록 하자.

❸ 글쓰기의 주제는 아이들의 삶 전체이다

자아, 학교, 가정, 세상, 인문·철학 등 아이들 삶을 둘러싼 모든 영역이 글감이 된다.

❹ 맞춤법이나 틀린 문장은 고치지 말자

교사의 교정은 아이들의 자유로운 글쓰기 활동을 머뭇거리게 하여 방해가 된다.

❺ 피드백이 있어야 글쓰기를 꾸준히 할 수 있다

선생님, 친구, 학부모가 글동무가 되어 공유하고 격려하자.

덜 상처받고 더 사랑할 수 있는
학급경영마인드 10

① 기록하고 보존하라

아이들의 문제 행동, 칭찬받을 만한 행동, 상담할 내용, 업무 전달 등 부지런히 적어라. 일처리의 효율을 높여주고 자신을 방어하기에 기록만큼 좋은 것은 없다. 알림장, 글쓰기 공책, NEIS 행동발달 누가기록, 주간학습 가정통신, 사안 관련 학생 확인서 등 교육 활동 관련 자료들을 보존하자.

② 학생 안전교육과 학폭 예방교육은 매일 하자

아이들을 잘 관찰하고 수시로 안전교육과 학폭 예방교육을 하자. 가정의 협조도 수시로 구하자. 안전교육과 학폭 예방교육은 일회성 교육이 아니라 연중 수시로 해야 하는 교육이다. 학급의 큰 문제와 민원은 결국 이 두 가지 '안전'과 '학폭'에서 터지기 때문이다.

③ 화를 품지 마라

어느 순간에도 감정적으로 아이들을 대하지 마라. 아이의 잘못이 크더라도 수치심을 불러일으키는 훈육은 하지 마라. 훈육 안에 가르침이 있어야 하고, 가르침의 끝에 좋은 변화가 있어야 교육이다.

학급에서 화나는 순간은 무수히 많다. 학생으로 인한 것이든 학부모로 인한 것이든. 교사의 신경을 긁는 일에 반응하다 보면 커다란 과오를 범할 수 있다. 교직은 때때로 흐린 눈으로 아이들을 바라보고 흐린 귀로 들어야 할 때도 있다.

④ 지나친 열정을 품지 마라

에너지의 80%만 써라. '과유불급', 지나치면 아니함만 못 하다. 지나친 열정은 아이들을 재촉하고 서두르게 되는 부작용을 낳는다. 남은 에너지 20%는 교사 자신의 몸과 마음의 건강을 위해 활용하자.

⑤ 서두르지 마라

학생이나 학부모의 민원을 접하면 사실을 확인하기도 전에 선입견을 갖고 관련 학생을 다그치기 쉽다. 교사는 확인된 증거를 바탕으로 아이가 인정한 것을 차분하게 상담하며 차근차근 해결하자. 평상시 문제 행동을 많이 했던 학생이라도 '그 일'만 놓고 양쪽 의견과 사실을 천천히 확인해야 한다. 서둘러서도 안 되고, 선입견으로 '또, 너야?'라고 접근해서도 안 된다.

⑥ 확인된 내용만 전달하라

학부모에게 학생에 대한 의견을 전달할 때는 사실이 확인된 내용만 전달하자. 교사의 감정이 들어가면 오해가 생긴다. 이는 학생의 문제 해결에 도움도 안 되고 문제를 확대 재생산할 수 있다. 교사는 학부모에게 전화나 문자로 연락할 때 확인된 내용만 차분하게 전달해야 한다.

⑦ 끝까지 아이들을 포기하지 마라

싸우는 아이들이 많아지고 그로 인해 학부모들의 민원이 쇄도하거나, 교내 여러 곳에서 우리 반 아이들이 사고 쳐서 연락이 오면 지금까지 한 모든 생활지도, 인성교육이 허무해지고 맥이 빠지며 다 포기하고 싶은 생각을 하게 된다. 그러나 마음을 추스르고 다시 일어나 '우리 반'을 포기하지 말고 나아가야 한다.

⑧ 좋은 어른, 본받고 싶은 어른이 되자

아이들은 선생님이 하는 말과 행동을 스펀지처럼 빨아들인다. '학교 교직원들에게 먼저 웃으면서 인사하는 선생님, 시간을 잘 지키고 아이들과 한 약속은 잘 지키는 선생님, 정리정돈 잘하는 선생님, 잘 웃고 배려해 주는 선생님, 교재 연구를 열심히 하고 연구하는 평생학습을 실천하는 선생님, 품격 있는 말을 하는 선생님'이 되자. 아이들은 어른을 보고 따라 하며 배운다.

⑨ 아이의 성장을 도우며 연마하자

훈육은 교사의 감정을 쏟아내는 과정이 아니라 '아이의 성장을 돕겠다'는 마음에서 출발해야 한다. 아이들은 완성되지 않은 미숙한 존재다. 아이들의 순수함을 사랑하고 아이들 세계로 풍덩 들어가자. 아이들을 사랑하기 위해 가장 먼저 사랑해야 할 대상은 교사 자신이라는 점도 잊지 말자. 또한 교사는 늘 스스로를 연마하고 수양하는 자세로 교단에 서야 한다는 것을 명심하자. 자신이 가진 것 이상은 절대 타인에게 줄 수 없기 때문이다.

⑩ 힘들면 쉬자

폭우가 쏟아지는데 비를 맞고 서 있을 필요가 없다. 잠깐 처마 밑으로 들어가 쉬자. 아프면 병원도 가고, 그래도 정 안 되겠다 싶으면 병가를 내고 쉬자. 짧게는 며칠, 길게는 1년 이상 쉬고 회복하면 다시 학교생활을 즐겁게 할 수 있다.

학부모 민원 대처 요령 10

교사는 학부모에게 항의 문자 한 통만 받아도 심장이 두근거린다. 교실 전화가 울릴 때, 하이톡에 새로운 문자가 떴을 때 긴장하며 자동 반사적으로 나의 말과 행동을 복기한다. 소수의 학부모들은 본인 감정을 일방적으로 쏟아내는 문자를 보낸다. 그 장문의 문자는 교사의 영혼 깊숙이 상처를 입히고 자존감을 무너뜨리며 교직 생활을 위태롭게 만든다. 학부모에게 덜 상처받고 교직에서 꿋꿋이 버티기 위해 최소한의 준비를 해야 한다.

교직 인생의 어느 길목에서 교통사고처럼 맞닥뜨릴 수 있는 학부모 악성 민원에는 다음과 같은 순서로 대처하자.

① 민원 내용 분석

· 민원의 핵심 단어 파악하기

  (조롱, 폭력, 성, 따돌림, 비속어, 갈취, 교사의 태도, 차별 등)

· 민원의 대상 파악하기

· 학부모 요구 사항 파악하기

  (사과와 화해, 자리 교체, 학생 분리, 교육 방법 개선 등)

☞ 위 사항을 중심으로 문자나 통화 내용을 분석한다.

② 대응 방안 마련

- 문자, 통화 내용을 동료 교사와 공유하고 조언 구하기
- 사과할 일인지, 해명할 일인지, 오해를 풀어야 할 일인지, 설명할 일인지 판단하고 대응하기
- 민원의 대상이 학생과 학부모라면 해당 학부모에게 사실에 근거하여 민원 내용 전달하기
- 고소, 고발 등 법적 조치 사항에 대해 교육지원청 통합민원팀과 협의하기
- ☞ 사안의 심각성 유무에 따라 학교 관리자(교감, 교장)에게 사전 보고 및 협의한다.

③ 신속 응대

- 민원 접수 후 1~3일 내 1차 답변 또는 면담 제공하기
- 학교 폭력 등 관련자가 많은 민원은 사안 조사에 시간이 걸림을 학부모에게 공지하기
- 합리적인 답변에도 불구하고 동일한 내용의 민원을 정당한 사유 없이 3회 이상 반복할 경우 통합민원팀(학교나 교육청 산하)으로 이관하기

④ 사안 정리 및 교육 활동 근거 자료 보존

- 날짜별로 구체적·사실적으로 NEIS 행동특성 누가기록 후 출력물 인쇄하기
- 사안과 관련된 일지, 상담 기록, 알림장, 주간학습안내 가정통신문과 같은 교육 활동 근거 자료 보존하기

- 목격한 사람(동료 교사 또는 보조 인력, 다른 학생 등)의 진술 정리하기
- 민원 발생 직전과 직후의 학부모와 소통 내역(문자와 통화) 보존하기

⑤ 민원에 대응하는 자세 알기

- 사안을 작게 생각하고 내 인생을 크게 보기
- 감정적인 대응은 상황을 악화시킬 수 있으므로, 냉정하고 사실 중심 태도 갖기
- 학부모의 감정에 맞대응하는 방어적 태도보다는 경청하는 자세 유지하기
- 불필요한 자기 비하, 무조건적 사과 지양하기
- 선공감·후설명 하기
  (민원 제기자의 감정 공감 → 교사의 입장 설명하기)
- 민원인이 폭언을 지속하더라도 감정적 맞대응 금지, 조언과 충고 또는 언쟁은 피하고 사실에 근거해 짧고 친절하게 응대하기
- ☞ 왜곡된 정보에 의한 민원은 바로잡아야 교사도 억울한 누명을 벗고 마음의 응어리를 풀 수 있다. 필요시 학부모와 교사 간에 오해를 푸는 교권 회복 자리를 요청한다.

⑥ 특이·악성 민원은 직접 응대하지 않기

- 절대 혼자 대응하지 말고 주변 동료들에게 도움 요청하기
- 기물파손 발생 시 주변에 있는 학생과 교직원을 신속하게 대피시키기

- 폭언, 반복, 부당한 요구 등 특이 악성 민원은 학교마다 설치된 학교 민원대응팀이나 교육지원청 민원대응팀에게 이관하기
- 교사노조 법률지원팀에 문의해 교권을 보호받을 수 있는 법을 명확히 인지하기

☞ 나를 보호하는 울타리가 있음을 알고 도움을 받으면서 마음을 안정시킨다.

☞ 단위 학교에서 해결하기 어려운 민원은 교육지원청 통합민원팀으로 이관할 수 있다.

⑦ 관련 법규 및 지침 숙지
- 「교원지위법」, 「아동복지법」, 「학교폭력예방법」 등 관련 법령의 기본 내용 숙지하기
- 교육부 및 교육청 민원 대응 매뉴얼 확인하기
  [「교육부 학교 민원 응대 안내자료」(2025.2) 공문 참고]

⑧ 사후 조치 계획 수립
- 민원 접수, 정당한 면담, 후속 조치 모두 기록 보관하기
- 학생과의 관계 회복 방안 마련하기
- 심리 상담 및 조언, 치료 및 치료를 위한 요양, 그 밖의 교권 회복에 필요한 지원받기

⑨ 교사의 마음 회복 활동
- 나만의 감정 노트에 하고 싶은 말 다 쓰기
- 우울한 마음이 흘러가는 대로 방치하지 말고 내 마음의 주도권 잡기

'그 누구도 내 행복을 막을 순 없어!'라고 선언하기
- 나를 지지하고 응원하는 친구나 가족과 감정 나누기
- '생각'을 강화하는 산책보다는 동적인 활동하기
  (뜨개질, 달리기, 노래 부르기, 청소하기 등)
- 교육청 산하 교권보호지원센터 협력병원 상담받기
  예) 경기도교육청 '마음회복8787', 서울시교육청 'SEM119'
- 교사 전문 정신과에서 진료받기
- 민원 발생 공간인 학교와 관련자들로부터 분리되기
  (특별휴가, 공무상 병가, 전보 조치 등)
☞ 오해를 풀고 싶은지, 사과받고 싶은지, 학생과 학교에서 분리되어야
   하는지는 개인 성향과 사안의 성격에 따라 다를 수 있다.

⑩ 특이민원 대응

- 특이민원은 공익적 차원에서 엄정 대응하고, 학교의 정당한 교육
  활동을 침해하는 행위는 교권보호위원회를 개최해 연계·처리
  하기
- 일부 학부모의 특이민원에 의한 교육 활동 침해 발생 시 지역교권
  보호위원회에서 심의 후 제재 조치 가능

| 특이민원 종류 |

반복 민원	• 보호자가 불법 주정차 후 부과된 과태료를 담임교사에게 납부하라며 수시로 연락
부당한 요구	• 자녀의 학교생활기록부에 작성된 내용을 임의로 수정할 것을 요구 • 바깥놀이 등을 일괄적으로 하지 않을 것을 요구
폭언 및 협박	• 보호자와 상담 중 아동학대와 관련한 법 조항을 문자로 보내면서 "이거 아시죠, 선생님?"과 같이 협박
사생활 침해	• 교사 연락처를 주변에 수소문하여 알아내 개별 연락
교육 활동과 무관한 요구	• 학부모의 단체 대화방에서 일어난 분쟁을 교직원에게 해결할 것을 요구
장시간 면담 (통화) 등	• 충분히 답변했음에도 동일한 내용을 반복적으로 요청하며 면담(통화)을 종료하지 않거나, 지속적으로 퇴근 시간 직전에 방문 면담(통화)하여 한 시간 이상 응대 요구
성희롱	• 교직원의 몸매 등을 지적하며 개선 요구 • 손이나 머리카락 등을 쓰다듬음
기물 및 자료 훼손	• 면담 과정에서 화가 난 학부모가 생활기록부 사본과 수행평가 결과물을 찢음

자료: 교육부 경기도교육청, 「학교 민원 응대 안내자료」(2025).

저자의 말

책의 한계점도 있다

첫째, 학교마다 학생들의 수준차가 너무 심하고 모든 학부모가 담임교사에게 협조를 잘할 수 있는 것도 아니다. 학부모와 연락조차 어려운 가정도 있을 수 있다.

둘째, 학급 운영의 모든 영역을 담지 못했다. 아이들의 성장에 필요한 것은 이 책에서 소개한 방법 이외에도 수많은 것이 있기 때문에 모두 서술한다는 것도 불가능하다.

셋째, 교사의 교육에 대한 가치관과 경험이 다르기에 우리가 제시한 방법이 만능 비법은 아니다. 다만 이 책에서 말하는 교육의 본질을 이해하고 '나만의 학급 운영 방법'을 만들어가기 바란다.

제언한다

교대 교육과정에 '학급운영론', '교직실무론', '교권보호법'과 같은 과목이 개설되어 교대생들이 한 학기 이상 이수할 수 있도록 해야 한다. 또한 해당 과목은 초등교육 현장에서 풍부한 실무 경험을 쌓은 교사가 지도할 것을 제언한다.

교육의 최전선에서 몸으로 부딪치며 터득한 교사만이 알 수 있는 구체적 학급 운영의 실제적 어려움, 교육과정 편성과 운영 방법, 교사 신분과 관련된 교권 보호법 등과 같은 내용을 교대생이 미리 배울 수 있다면 신규 교사들의 학교 적응이 훨씬 수월할 것이다.

나아가 기준이 모호한 정서적 아동학대법을 개정하여 일부 학부모의 무분별한 고발로 교권이 무너지는 사태를 막아야 한다. 교사가 문제 행동을 하는 학생을 지도하는 사소한 훈계에도 직을 걸어야 하는 지금의 현실은 비정상적이다. 학생과 학부모의 기분을 거스르면 언제든 고발당할 수 있다는 위축감으로 소신과 열정이 사그라든 학교의 모습은 참담하다. 이처럼 교사가 무방비로 방치되는 사례는 세계적으로 찾아보기 어렵다.

이 책에서 말하는 학급경영 비법은 이러한 열악한 현실 속에서도 교사로서 최선을 다하려는 노력의 일환이지만, 교권이 보호되지 않는 한 그 효과에는 한계가 있을 수밖에 없다.

지은이

이연옥

공주교육대학교를 졸업하고, 충남대학교 교육대학원에서 교육심리 및 교육방법으로 석사를 취득했다. 33년째 초등교사로 재직하며 아이들과 눈높이를 맞추는 교육에 전념하고 있다. 아이들은 모두 시인이며 철학자라는 마음으로 날마다 아이들과 함께 세상 속 아름다움을 찾는 중이다.

이혜령

한국교원대학교 초등교육과를 졸업하고, 연세대학교 교육대학원에서 교육공학 석사 학위를 받았다. 경기도에서 26년째 초등교사로 재직 중이며 현재 6학년 담임을 맡고 있다. 교육이 미래라는 믿음으로 작은 교실에서 큰 꿈을 일구어 가느라 바쁜 나날을 보내고 있다.

김해련

전주교육대학교를 졸업하고 첫 발령을 받은 뒤 18년째 초등교사로 근무 중이다. 인간에 대한 호기심과 애정이 충만하다. 아이들의 자연스럽고 건강한 성장에 가이드가 되고 싶은 교사다. 현재 사춘기 터널을 통과하고 있는 에너지 가득한 5학년 아이들과 뜨거운 나날들을 보내고 있다.

실전교실

수업보다 중요한 학급경영 비법서

ⓒ 이연옥·이혜령·김해련, 2025

지은이 | 이연옥·이혜령·김해련
펴낸이 | 김종수
펴낸곳 | 한울엠플러스(주)
편집책임 | 최진희
편집 | 이동규

초판 1쇄 인쇄 | 2025년 11월 7일
초판 1쇄 발행 | 2025년 11월 28일

주소 | 10881 경기도 파주시 광인사길 153 한울시소빌딩 3층
전화 | 031-955-0655
팩스 | 031-955-0656
홈페이지 | www.hanulmplus.kr
등록 | 제406-2015-000143호

Printed in Korea.
ISBN 978-89-460-8411-7 13370

* 책값은 겉표지에 표시되어 있습니다.